爆笑問題が読む
龍馬からの手紙

爆笑問題

祥伝社黄金文庫

本書は二〇〇五年八月　情報センター出版局より
刊行された「爆笑問題が読む　龍馬からの手紙」
を加筆・修正して文庫にしました。

プロローグ

太田――そもそも、私、太田光が、なぜ坂本を敬愛するかというところから入りましょうか。

田中……あのさ、どうでもいいんだけどさ、ふつう坂本龍馬は「龍馬」って略すよな。坂本でも間違ってるわけじゃないからいいけどよ。

太田――幕末から明治へと変わる時期を駆け抜けたひとりの男がいた！

田中――日本の歴史において、ほんの数年間ではあるんだけど、その時代っていうのはドラマチックなんだよな。

太田――ジャン！　その男の名は、佐々木三四郎高行《ささきさんしろうたかゆき》！

田中――誰だ、それは！

太田――いや、龍馬と同じ土佐藩の役人なんですけど。この本の中でもキーパーソンとして扱われてます。

田中――ま、本書『爆笑問題が読む　龍馬からの手紙』の趣旨《しゅし》としては、坂本龍馬が家族や友人に書き送った手紙のうち、現存する139通をもとにして、坂本龍馬の人間像、ひいては幕末という時代をわれわれが読み解いていこうというものです。

太田――え？　龍馬が書いた手紙って100何通もあったの？　オレはてっきり9通ぐらいかと思ってた。

田中――本の構成上、9通を紹介したまでだ！　推定も含めて139通が存在するってことだからな！

太田――なんだ、そうだったのか。

田中――龍馬は筆まめだったっていうから、本来なら、もっとあってもいいんだけどね。

太田――逆に考えれば、100年以上も前の手紙がそんなに残ってるほうがすごいかもな。

田中――手紙を送っているのは、当然、龍馬と関わりがあった人物だから、幕末の有名人もいっぱい出てくる。勝海舟《かつかいしゅう》とか、桂小五郎《かつらこごろう》とか、間接的には西郷隆盛《さいごうたかもり》とか。

太田――あとは、佐々木三四郎高行とかね。

田中――だから、誰なんだ、そいつは！　知らない人が聞いたら、どんなにすごいヤツかと思うだろ！

太田――気になった人は第四章から読んでみてください。

田中――うるさいよ！

太田――坂本龍馬って〝熱い男〟ってイメージがあるじゃん。

田中――「幕末の風雲児」とか「日本を変えた男」みたいなね。

太田――実は、俺の印象はちょっと違うんだよね。龍馬はもっと明るくて、肩の力が抜けてる。そこが一番の魅力だったりするし。

田中――手紙を読むと、けっこうお茶目だもんな。「革命だ！」って走り回ってる印象だったけど、相手をからかったり、宴会に誘うような内容のもあったし。口語体が多いのにもビックリした。

太田――結局、龍馬にはしがらみの多い組織は邪魔だったんだよ。それを捨てて、明治維新に唯一「個人」として関わった人物なんじゃないかと俺は思う。

田中――ああ、なるほどね。

太田――つまり、龍馬の生き方、考え方は私の生き方にも通じるわけです。この本を読んだみなさんは、私、太田の半生を学び、今後の生きる術《すべ》としてもらいたい。

田中――龍馬はともかく、お前の生き方が参考になるわけねえだろ！

太田——そう。龍馬の手紙には、日本人がこれからどうすべきかを考えるヒントがあるのです。私たちは、どう国際社会に関わっていくべきか。戦争に参加するのかしないのか。恒久《こうきゅう》の平和は訪れるのか。悪の結社の野望は阻止できるのか。

田中——なんか、よくわかんねえ話になっちゃってるぞ！

太田——でも、龍馬の発想や行動の自由さは、現在でも見習うべきものがあるんだよ。さらに、個人が想像するイメージに限界はないんだよ。それが明治維新をもたらしたのは事実だからね。現代にも通じることだし、世の中を変えていくのは想像力だと思う。

田中——それが、つまりは、龍馬を通して現代の日本を考えるってことね。

太田——さぁ、君も目を閉じて想像してみよう。……おぉ、田中の哀れな末路が私には見えます。

田中——そういう想像かよ！　末路とか勝手に決めつけてんじゃねえよ！

太田——ぶっちゃけ、この本は、制作に1年かかりました。

田中——べつに内幕はバラさなくたっていいよ。

太田——大学の先生にいろいろとレクチャーを受けたり、自分なりに勉強もしたし。それぐらい時間をかけてじっくりと作りました。生産者は私です。

田中――農作物じゃねえんだよ！

太田――わずか数年とはいえ、幕末から明治へと変わる濃密な時間と、さらには明治から昭和を経て平成につながる日本100年の計を、わずか1年でやっちゃいました。

田中――そんな言い方したら、むしろ1年が短く感じちゃうだろ！

太田――とにかくそういう本です。歴史マニアも、そうでない人にもおすすめです。

田中――ま、歴史といっても決して敷居《しきい》が高くはないですからね。

太田――一家に1冊とはいわず、ぜひ手紙と同じ139冊、買い求めて読んでください。

田中――多すぎるだろ！

爆笑問題が読む龍馬からの手紙◉目次

第六章

西郷とともに活躍
恩人・吉井友実《よしいともざね》への手紙 173

≪監修≫

落合弘樹（おちあい・ひろき）

1962年、大阪生まれ。京都大学人文科学研究所を経て、現在、明治大学文学部教授。幕末維新史を専門とする。著書に『秩禄処分—明治維新と武士のリストラ』（中公新書）『西郷隆盛と士族』（吉川弘文館）など多数。

≪協力≫

タイタン

高知県立坂本龍馬記念館

章扉画／太田光

表紙帯イラスト／高松啓二

第一章

最大の理解者
姉・坂本乙女《おとめ》への手紙

画・太田光

姉・坂本乙女《おとめ》

1832年（天保3年）生まれ。土佐（現在の高知県）出身。坂本家の三女で龍馬より3歳年上。兄の権平と龍馬は年が離れていたため父と子のような関係だったが、乙女は幼少期の龍馬の遊び相手でもあり、剣術、相撲、水泳などを懸命に教えた。

土佐藩医・岡上樹庵と結婚して子どもをもうけたが、離縁して坂本家に戻った。1879年（明治12年）8月31日、48歳で没（数え年。歴史上の人物は以下同様）。

現存する手紙では、乙女に宛てたものが18通と最も多い（推定、連名を含む）。

勝海舟の元で海軍の訓練に励み、親分からも一目置かれてると、いばっている。有名なエヘンの手紙。

坂本乙女宛

文久三年（一八六三年）五月十七日

この頃は、天下無二の軍学者・勝麟太郎《かつりんたろう》*1という大先生の門人となり、ことのほか可愛がられちゅう。※2「客分」のようなものといったほうがいいじゃろうか。

近いうちに、大坂から十里ぐらいの兵庫*3という土地に、おおいに海軍を教える所をこしらえ、また、四十間*4、五十間もある船をこしらえるつもりじゃ。

弟子どもも四、五百人も各地から集まってきた。わしや高松太郎*5なども、その海軍所で稽古・学問に励み、ときどきは船乗りのけいこもするつもりじゃ。けいこに使う蒸気船に乗って、近々、土佐の方へも寄るから、そのときには、ぜひお目にかかりたい。

わしの考えを、このあいだ、兄上*6にお話ししたところ、大いに同意され、「ほりやあ、おもろいことじゃ。「やれやれ」と励まされた。

以前にも話したように、戦《いくさ》でも始まったときは、それまでの命じゃ。ことし命があれば、わしは四十歳まで生きられるじゃろう。以前に言うたことを思い出してくれえよ。

少し「エヘン顔」して、ひそかにおる。達人[*7]の見る眼は、おそろしいものじゃ。『徒然草』にもあった。

なお、エヘン、エヘン。

かしこ

五月十七日　龍馬

乙大姉のもとへ

右のことは、まずまずの間柄の方であっても少しでもしゃべったら、考えが違う人もあるじゃろうから自分ひとりの胸におさめておいてください。

かしこ

＊1―のちの勝海舟の通称。幕臣。義邦（よしくに）、安芳（やすよし）と改名。
＊2―可愛がられている。
＊3―現代に比べ、兵庫、神戸は栄えておらず、田舎と言える。1里は約4キロ。
＊4―間（けん）は、当時一般的だった尺貫法における長さの単位。土地、建物などに用いる。1間、約1・8メートル。40間、50間は約70メートルから90メートル。相当大きな船になる。
＊5―龍馬の長姉・坂本千鶴の息子。龍馬の甥にあたり、維新後は坂本直と改名。坂本家を継いだ。
＊6―実兄の坂本権平（ごんぺい）。藩を抜け、フラフラしているよりは船にでも乗っていたほうがいいと考えたのだろう。
＊7―勝麟太郎のこと。

名は「乙女」、あだ名は「仁王」

太田——龍馬の実の姉である坂本乙女《おとめ》ってのは、面白い女なんだよ。「坂本のお仁王《におう》さま」というあだ名で呼ばれるほど、体も大きかったらしい。

田中——女性で「仁王」って呼ばれるぐらいなんだから、相当デカかったのかな。

太田——身長は2メートルを超えてたって話だよ。

田中——んなわけねえだろ！　いくらなんでもデカ過ぎだ！

太田——だって、5尺8寸あったんだぜ。1尺が約30センチメートルで、1寸が約3センチメートルだから、え〜、計算すると3メートル20？

田中——思いっきり間違ってるだろ！　さっきより増えちゃってるじゃねえかよ！　約[*8]1 74センチメートルだろ！（※注釈は42ページ）

太田——だとしても、たしかに大きいよな。へたすりゃ、龍馬より大きい。

田中——そのうえ、男まさりで剣術も馬術も得意なんだから、「お仁王さま」と呼ばれるのは無理ないね。

太田――弓や水泳も得意だったし、三味線、謡曲も上手かったらしい。

田中――ハナタレだった龍馬を鍛え上げたってのは本当なんだろうね。

太田――だから、乙女自身も江戸へ行きたくてしょうがなかったんじゃないのかな。龍馬に宛てた手紙には「尼《あま》になってでも土佐を出る」と書いてたみたいだし。

田中――乙女にしてみりゃ、泣き虫でハナタレだった弟が、世に聞こえるような活躍をしてるわけじゃん。自分も何かできるんじゃないかって思うのも当たり前だよな。

太田――「あいつよりあたしだろ」みたいな感覚かな。ただ、龍馬もそのへんはわかってて、上手く諭《さと》してるんだけどね。

田中――「いくらお仁王さまでも、あんたそれは無理だよ」って。

太田――基本的にはそうなんだけど、でも、龍馬はシャレっ気があるから、もっと遠回しな言い方でね。「尼になるなら、偽者《にせもの》とはいえ、お経《きよう》をいくつも覚えなきゃいけないから難しいですよ、やめなさい」みたいな感じ。

田中――「日本を変えるための命がけの戦争だから、女には無理だよ」とは言わずにね。

太田――シャレというか冗談風に切り返す。たとえば、「首吊《つ》って死んでやる」って騒いでるヤツを本気で止めないで「あ、そう。死ぬんなら、ロープ買ってこようか」って言っちゃうみたいなことね。

田中――なるほど。言われたほうは、死ぬに死ねなくなっちゃうからね。

太田――オモチャを欲しがって駄々《だだ》をこねている子どもに「あ、そう。だったらロープ買ってこようか」って言うみたいな。シャレが効いてるよなぁ。

田中――そこにロープは関係ねえだろ！

太田――ま、でも、乙女が国を出たがったのは、嫁いだ先と折り合いが悪かったからという説もあるんだよね。

田中――なるほどね。

太田――お前のとこと一緒だな。

他流試合の前日

太田――現存する乙女宛の手紙で最も古いものは、ちょっと面白いんだよ。「明日は千葉道場で試合がある」みたいに自分の日常を報告してるんだよね。

田中——そりゃ、親族に宛てた手紙なんだから、「こんなことがありました」っていう報告ぐらいするだろ。

太田——すでに黒船[*9]は来てるから、日本が動きはじめた時期ではあるんだけど、龍馬はまだ目覚めてないってことが重要なんだよ。

田中——のちの手紙には、日本のこととか、自分の考えとかを認《したた》めてるものが多いからね。

太田——龍馬は、まだ単なる北辰一刀流《ほくしんいっとうりゅう》の剣士だからさ、「無念流《むねんりゅう》との試合の準備があります」なんて書いてたりして、若いよなぁって思うもん。遠足とか、マラソン大会の前日に興奮して眠れないのと一緒じゃん。

田中——そこまで若くねえだろ！　小学生じゃねえんだから。

太田——神道無念流は、斎藤弥九郎《やくろう》の一派だからね。結果がどうだったのか知りたいよな。

田中——そこはどうだっていいんじゃねえのか。

太田——だって、龍馬は足も速かったらしいから、マラソンはそこそこいい成績を残したはずだぜ。

田中――マラソン大会はお前のたとえ話だろ！　剣術の試合だよ！

太田――でも、新選組*10の芹沢鴨《せりざわかも》や永倉新八《ながくらしんぱち》が無念流だから、もしかしたらこのとき試合をしてるかもしれないんだよね。

田中――そりゃ、たしかに気になるな。

太田――実は俺も昔、龍馬と似たような経験をしてるんだよ。浦賀に来た黒船を見に行った龍馬が「うわっ、でけえなぁ」って思ったのと同じように、俺も初めて上京したときにアルタのオーロラビジョン見に行って「うわっ、でけえなぁ」って思ったからね。

田中――埼玉出身なんだから〝上京〟も何もねえだろ！

太田――ラママ（渋谷にあるライブハウス）の新人コント大会に出だした頃、「明日はホリプロの芸人が出る！」ってなったら、気分は他流試合だったもん。そりゃあ、燃えたよ。もう、夜もぐっすり寝て。

田中――寝ちゃってるじゃねえかよ！

楽しい時間の法則

太田――日本が動き出し、天下国家のことを考えはじめた龍馬は、乙女宛の手紙に「自分がどういうことを考えて、またどういう活動をしているか」といったことを詳しく書いたりしてるんだよね。

田中――一番近い兄弟で、小さい頃から仲がよかったわけだから、なんでも話せる間柄だったんだろうね。

太田――「姉さんには言うけど、考え方が違う人もいるので他人にはこの手紙を見せないでください」みたいなこともよく書いてる。

田中――すごく信頼してたってことかな。

太田――実の兄の坂本権平や家族に宛てた手紙も残ってはいるんだけど、それらと比べても、あきらかに特別な関係なのがわかるね。家族に宛てた手紙なのに「読み終えたら乙姉に渡して保管してもらってください」って書いてるし。

田中――こうやってちゃんと後世に残ってるんだもん、貴重な資料だよな。

太田――あと、乙女だけに明かしてる龍馬の心情ってのもあるからね。

田中――天下国家のために生きているという苦悩とか？

太田――そうだね。龍馬は「自分がいなくなっても世の中がうまくいくようでなければ死ねない」と書いた手紙もあるんだけど、でも、そういう苦悩や覚悟がある反面、乙女宛の手紙の端々には、なんとなく楽しさも感じられるんだよな。

田中――なんだよ、それ。矛盾してないか？

太田――もちろん、龍馬は命をかける覚悟はあったはずだよ。でも、天下国家のことを考えている時間っていうのが実は楽しくってしょうがなかったんじゃないかと思う。自分の思想の先には楽しいことが待っていると確信してるんだろうね。

田中――ああ、なるほどね。

太田――革命って、イメージ的には悲壮感があるじゃん。〝圧政に耐えつづけた民衆〟とか〝革命を起こさなければ自分が殺される〟みたいな。だけど、龍馬にはそういうのがあまりなくて、「よおし、いっちょ、やるか！」っていう雰囲気なんだよ。「開国？　やっちゃう？」っていう感じ。

田中――お前の言いたいことはわかるけど、そこまで軽くはないだろ。

太田――「革命？　たっのしそうだなぁ〜。やっちゃう？」みたいな。
田中――わかったよ、もう！
太田――「革命？　もういっちょ、いく？」とか。
田中――革命は1回でいいんだよ！　続けて何度もやるな！
太田――面白いネタとかアイデアを考えついたときって、やっぱりうれしいじゃん。
田中――まあな。思いついたことを人に言いたくなったりするからね。
太田――「い・い・こ・とっ、考えたっ！」みたいな。
田中――しつこいよ！　龍馬はそんな軽いキャラじゃねえって言ってるだろ！
太田――アインシュタインにしたって、特殊相対性理論[*11]だろうと一般相対性理論だろうと、苦労に苦労を重ねて書き上げた論文ではないと思うんだよ。おそらく、先にアイデアがあって、あとからそれに沿って論理的に考えてったんじゃないのかな。
田中――ひらめきが先にあるってことね。天才だからありえるかもな。
太田――なんていうのかな、発見が先にあって、自分でもそのアイデアのすごさがわかるっていうんですか？　龍馬とアインシュタインと俺って、そういうところが似てるんだよね。

田中――大きく出すぎだよ！　アインシュタインとまで肩を並べるなよ！

太田――最近、「人が生きていくうえで大事なのは発見なんじゃないか」って考えるようになったんだよ。極端な話、「何かを発見するために人は生きている」と思うぐらいで。

田中――俺はそういう意識もないし、あんまり発見もしないから、よくわかんないなぁ。

太田――幕末、日本が動きはじめた初期の段階で「幕府は間違ってる」とだけみんなが思ってるなか、龍馬は「それだけじゃない」って気づいてたってことね。具体的にどうこうはなかっただろうけど、龍馬は何かを発見してたんだよ。そういう感覚が龍馬と俺は研ぎ澄まされてるんでしょう。

田中――……龍馬とお前が似てるなら似てるでいいけど、じゃあ、お前は今までに何を発見したっていうんだよ。

太田――そうですね、私はよく発見してますよ。ヘタすりゃ毎日ですね。

田中――具体的には何なんだよ。

太田――発見しすぎて、逆にどんどん忘れちゃう。

田中――意味ねえじゃねえかよ！

面白い女

太田――龍馬の女性観っていうのが、ちょっと変わっててね。ま、単純にいうと、面白い女が好きなんだよ。

田中――「面白い」っていうのは、龍馬らしい表現だよな。風変わりで、エキセントリックで、シャレっ気もあって、みたいなさ。

太田――そうだね。乙女姉さんの影響もあるんだろうけど、勝ち気な女、いわゆるはねっかえりみたいな女性を好む感じかな。当時、そういう女性は、まさに「面白い」わけじゃん。

田中――まあな。今の時代でも、そういう女性を好きになる男は多いからね。

太田――たとえるなら、野村サッチーとか。

田中――否定も肯定もできないボケはやめろよ！

太田――ヤワラちゃんだと、こっちがはねっかえされちゃうから、違うかな。

田中――わかったから、そういうたとえはもういいよ！

太田——剣術修行をしてた千葉道場の娘[*12]・佐那《さな》が、剣術も長刀《なぎなた》も馬術も上手い、まさにはねっかえりなんだよね。だから、龍馬も好意を寄せてたらしいし、向こうもそのつもりで、実質的には婚約したぐらいの間柄だったみたいだね。

田中——へぇ〜っ。

太田——乙女に宛てた手紙には、龍馬流のほめ言葉で「佐那は大人物だ」って書いてるんだよ。

田中——乙女も男まさりだし、のちに結婚した〝おりょう〟だってそういうタイプだもんな。

太田——文献によれば、男まさりとはいえ、佐那は相当な美人だったらしい。

田中——あ、そう。

太田——また、別の文献によると、結婚はしなかったけど、龍馬と佐那は「B」までいってたらしい。

田中——ウソをつけ！

太田——でも、剣術修行だけをしていればいい状況じゃなくなって以降、佐那と龍馬は疎《そ》遠《えん》になっちゃったんだよね。江戸にほとんどいなかったってのもあって、結婚はしなかった。つまり、よくありがちなB止まりの関係。

田中――しつこいよ！　いまどき、Bっていう表現も古いしょ！

太田――佐那の実兄の千葉*13重太郎《じゅうたろう》と親友だったというのも理由のひとつかもな。

龍馬の強さ・アメリカの強さ

太田――よく「剣の世界で史上最強は誰だ？」って話になるじゃん。

田中――そういう話をよくするかどうかはわかんないけど、たしかに想像すると面白いよな。宮本武蔵と沖田総司《おきたそうじ》とか、弁慶と小次郎とか。

太田――そうそう。武蔵かサップか、それともクロコップか。

田中――K―1の話になっちゃってるじゃねえかよ！

太田――歴史上の人物の中でも、俺は龍馬が一番強いと思うんだよね。

田中――え～、剣術をやってたとはいえ、龍馬がそこまで強いとは思えないな。

太田――そうだよ、たぶん剣の実力だけじゃ負けるよ。

田中――やっぱ、弱いんじゃねえかよ！

太田――でも、龍馬は心が強いんだよ。構えなんかも、おそらく隙《すき》だらけでさ、パッと見じゃ打ち込めそうなんだけど、実はなかなか打ち込めない雰囲気を持ってたはずなんだよ。いわば矢吹ジョーの両手ぶらり戦法だね。

田中――でも、晩年はほとんど剣術をやってなかったんだろ。

太田――それでも心構えが違うから。なんて言うのかな、「肉を斬《き》らせて、骨も斬らせる」みたいな。

田中――両方斬られちゃダメだろ！　死んじゃうよ！

太田――だからこそなんだよ。龍馬の強さって、負けをも受け入れられるってことだと思うんだよね。「うん、負けてもいいよ。むしろ、じゃんじゃん負けようよ」って言える強さね。

田中――そこまで行くと、強くもなんともないような気がするけど……。

太田――たとえば、今の時代、アメリカを筆頭にして「テロに屈するな」っていう空気があるわけじゃん。

田中――それはそれで正解だと思うよ。特にアメリカは、同時多発テロでものすごい被害を受けてるんだからね。

太田――でも、「テロとは断固戦います」となったら、暴力に暴力で対抗するのと一緒だもん。結局、行きつくところは戦争になるよね。

田中――どっちも屈しないで戦うとなれば、ま、そうなるよな。

太田――アメリカという国は、今まで負けなかったから、そういう論理にしかならないんだと思う。負けを受け入れられないゆえに、勝つまで戦わざるを得ない。

田中――でも、テロリストを許すわけにはいかないだろ。テロリストの言いなりになったら、なんでもアリになっちゃう。

太田――そうなんだけど、でも、龍馬の強さというのは、「わかった、とりあえずテロに屈してみよう。いったんは負けでいいじゃん」と言えることだと思う。

田中――言うだけかよ。無責任じゃねえか。

太田――だって、ふつうの人は、そういう意見すら言えないわけだろ。戦時中の日本の文学者たちだって大多数は弾圧に負けてるわけだし、もし俺が『朝まで生テレビ』に出たとしても「テロに屈しよう、負けましょう」なんて言えないもん。

田中――お前は呼ばれもしないと思うけどな。

太田――でも、龍馬なら確実に言うね。「いったんは負けますけど、そこからお互いを理解すればいいじゃん、妥協点《だきょうてん》を見つけていこうよ」って。物事には多面性があるから、かならずどこかに正解はあるはずだし。

田中――でもさ、テロリストとアメリカの対立の根は深いと思うよ。

太田――だからこそ、今、テロリスト側に龍馬がいたら面白いと思うね。

田中――アメリカ側じゃないのかよ。だったら「屈しましょうよ」っていうのはおかしいじゃねえかよ。

太田――だから、龍馬はどっちにも顔がきく特殊な存在かな。実際、そうだったわけだからね。そのぐらい、幕末の状況って、今のイラクの状況に似てると思うんだよ。幕府側に立つ人、幕藩体制を打破しようとする人がいる。さらに、開国[*14]をするか、はたまた外国と戦うかみたいに思想が入り交じってるわけじゃん。

田中――佐幕《さばく》か倒幕《とうばく》[*15]か、開国か攘夷《じょうい》かってね。さらに根底には尊王《そんのう》っていうのもあるからね。

太田――イスラム教という思想の中にたくさんの派閥があるのと一緒じゃん。

田中――幕藩体制っていう長く続いたシステムがイスラム教だとすると、黒船でやってきたのが、まさにアメリカ資本主義ってことか。

太田――ま、そういうことだね。幕末に特殊な存在の龍馬がいたからこそ、いい形で明治政府が生まれたわけじゃん。だから、もし今、イラクに龍馬がいたら、イスラム教とアメリカ資本主義の両方に「そうじゃないんだよ」って言えるだろうし、共存できるアイデアを思いついたんじゃないのかな。

田中――なるほどね。

太田――アメリカも、テロリストも、エロテロリストも全部一緒に共存。

田中――ちょっと待て、エロテロリストってなんだよ！　インリンは関係ねえだろ！

太田――たくさんの思想が融合《ゆうごう》するってことだよ。

田中――たとえば、どういうアイデアがあるんだよ。

太田――そうだね、みんなが納得する形でね、時間をかけタイミングを計り、相手の懐《ふところ》に入り、腹を割って話して、ときには酒を酌《く》み交わし、自然にそうなるように……。

田中――漠然としすぎてるだろ！　もっと具体的に言えよ！

太田――そんなの、俺は龍馬じゃねえんだから、わかるわけねえだろ！

田中――さんざん自分は龍馬に似てるとか言ってたじゃねえかよ！

太田――あれ？　そんなこと言ったっけ？

田中——8ページ前を読んでみろ！　思いっきり言ってるよ！

革命と笑いのタイミング

太田——龍馬は戦い方を知ってるよね。乙女宛の手紙には「天下[*16]にことをなす者は時機を知らないといけない」みたいなことを書いてるんだよ。

田中——笑いの世界でも、「間《ま》」っていうのは大事だからね。そのへんは、お前も気になる部分だよな。

太田——そうですね。タイミングはものすごく大事です。なのに、お前はわかってないときがあるからね。ネタを振って、振って、振って、そこでやっとボケるから、ドカーンとウケるはずなのに、お前は一歩早くツッコミ入れちゃったりするんだよ。龍馬だったら、ちゃんと待つことができただろうに。

田中——うるせえな！　ツッコミと龍馬は関係ねえだろ！

太田——「物事はタイミングだよ」ってことを、龍馬はすごく意識してたと思うよ。幕末という時期は、みんなが焦《あせ》って、ことをなそうとしてたわけじゃん。

田中――そうだよね。混乱してる今こそ手柄を立てたいという感覚はあっただろうね。

太田――龍馬だってさ、「なぜなんですか、坂本さん」みたいなことをすごく言われてたはずだぜ。

田中――なんだよ、それ。

太田――ほかの志士[*17]たちはいろいろと行動を起こしてるのに「坂本さんは、まだ動かないんですか。みんなやってますよ」という意味ね。「なぜなんですか、坂本さん」って、たしかその年の流行語大賞に選ばれたはずだぜ。

田中――んなわけねえだろ！

太田――でも、龍馬はタイミングだけじゃなく、根本的な戦い方とか相手との接し方をわかってたんだと思うよ。革命とはいえ、みんなが納得するにはどうしたらいいのか、自分の信念を貫《つらぬ》くためにはどう対応すればいいのかって。剣術修行でそういうことを学んだのか、天性のものなのかはわからないけどね。

田中――動くべきときには動くし、動くパターンもいっぱいあるってことだね。

太田――つまり、トークにしてもツッコミにしても、パターンはいっぱいあるんだよってこと。龍馬はいい芸人にもなれただろうね。

田中――だから、お笑いと龍馬は関係ねえって言ってるだろ！

日本初の新婚旅行

太田――薩摩《さつま》藩と長州《ちょうしゅう》藩のあいだに入って、同盟を結ばせるという大仕事を終えたあたりで、龍馬は新婚旅行[18]に行ってるんだよ。

田中――日本で最初に新婚旅行をしたのが、龍馬だっていうのは有名な話だよね。

太田――そのことを乙女宛の手紙でも書いてるんだけど、俺は、この時期の龍馬は、いわば充電期間のような気がするね。

田中――薩長同盟は、画期的なことだったわけだろ。達成感みたいなのもあっただろうね。

太田――そうだね、充電というか、つかのまの休息というか。寺田屋[19]で襲撃されて負った傷のリハビリという意味もあったんだろうけどさ。ま、俺が新婚旅行に行ったときも、ちょうど自分にとっての充電期間だったから、よ～くわかるよ。

田中――ちょっと待って、お前は新婚旅行には行ってないはずだろ。そもそも式すら挙げてないんだからさ。

太田——旅先という非日常的な空間。ふたりは幸せな時間を遠い目でかみしめた充電旅行。

田中——言ってる意味がよくわかんねえよ！

太田——でも、俺の新婚旅行は大変だったんだぜ。入籍をするために日帰りであちこち行ったんだから。

田中——は？

太田——まず、朝6時に起きて婚姻届を書いたんだよ。で、保証人の欄に署名してもらうために、カミさんの友達のチカちゃんと出勤前に待ち合わせて、朝のラッシュの京王線の初台の駅前で署名してもらった。さらに、そこから山手線、東武東上線を使って俺の実家がある上福岡の市役所まで行って、俺の籍を抜いた。飯を食いながら、今度は俺の友達のリュウに署名してもらって、また都内にとんぼ返りして、今度はカミさんの籍を抜くために府中市役所まで行って、書類は揃《そろ》ったってんで、やっと世田谷区役所に向かったんだけど、着いたのがもうギリギリの夕方5時だったんだよ。当時、婚姻届が24時間受付じゃなかったからね。電車の移動時間が長くて困ったね。

田中――旅行でもなんでもねえじゃねえかよ！　長々と思い出を語りやがってよ！

太田――ほんとにあれはドラマチックだったよ。世田谷区役所のドアが半分閉まりかけてたからね。鋼鉄製のドアと地面の隙間は30センチぐらいだったかな。そこをふたりでスッとくぐり抜けた。

田中――アクション映画のヒーローじゃねえんだよ！　区役所のドアが鋼鉄製のわけねえだろ！

太田――帰りに渋谷の台湾料理屋で、ふたり仲よくご飯を食べました。美味しかったです。楽しい旅行でした。

田中――子どもの絵日記じゃねえんだよ！

太田――いや、実は新婚旅行での出来事をつづった乙女宛の手紙ってのは、まさに絵日記なんだよ。「旅行先の長崎、鹿児島では、温泉に入った、山に登った、魚を釣った、鉄砲を撃った、楽しかった」っていう表現もあるし、龍馬が描いたイラストなんかもそのまま残ってる。

田中――だからって、旅行とは言えないお前の新婚の思い出は肯定されないからな！

太田――龍馬は、手紙に簡単なイラスト[*20]を添えたりするのが好きだったことで有名なんだぜ。喜怒哀楽に合わせて、(^^)とか(・_・)とか。

田中──なんで顔文字なんだよ！

太田──あと、その手紙では「人間が生きていくということは尊《とうと》いんだよ。日々の生活の大変さに比べれば、天下の世話は実におおざっぱだ」なんてことも書いててね。

田中──……ま、龍馬らしい表現だよな。

太田──これには続きがあって、「命を捨てる覚悟さえあれば、天下の世話なんて簡単だよ」ってことなんだけど、泣かせる手紙だよな。

田中──旅行そのものは龍馬が討たれる約1年前のことだから、自分のこれからのことがわかっていたのかもな。

太田──旅行の楽しさを書いてるからこそ、自分のやりたいことが終わりに近づいてきたがゆえの寂しさみたいなのが、よけいに感じられるんだよね。

田中──つまりは達成感なのかな。

太田──まだ達成はしてないんだけど、自分の意志がまわりに伝わるまでが肝心っていう感覚があるじゃん。たとえば、ファッションなんかでも、流行《はや》るまでは率先してそれを着るけど、流行りはじめたらもう着ないよっていう。

田中──龍馬は新しいものが好きだったからね。

太田──俺とかキムタクなんかは、ファッションリーダーとして数々の流行を作ってきたから、みんなが着はじめたら、もうやらないもん。

田中──お前がいつ流行を作ったっていうんだよ！

太田──幕末もせっぱ詰まったこの時期には、一般の人が天下国家のことを考えるようになってるからね。すでにいろいろとやってきた龍馬にとっては、みんながわかってくれたから「もう俺がやらなくてもいいだろ」って。それこそ、乙女姉さんですら龍馬に「日本をこうしたい」「こうなることを願ってる」と伝えてるらしいからね。

田中──へぇ〜、そうなんだ。

太田──これをわれわれ歴史学者は「乙女の祈り」と呼んでるんだけどね。

田中──ウソをつけ！　ダジャレじゃねえか！

＊8─ちなみに体重は、30貫（113キロ）近かったといわれている。
＊9─1853年（嘉永6年）、浦賀にやってきたペリーのこと。
＊10─幕末期、京都守護職配下の集団。江戸幕府側として、尊王派の志士、浪士を取り締まった。

いわば龍馬の敵となる。

＊11―アルバート・アインシュタインが、1905年に発表した物理学理論が特殊相対性理論で、それを発展させ1915年に発表したのが一般相対性理論。それまでのニュートン力学を根本からくつがえした。

＊12―京橋・桶町にあった千葉道場（小千葉）の道場主・千葉定吉（さだきち）の長女。ふたりは恋に落ちたとされる。

＊13―千葉定吉の長男。龍馬より一回り年上だったので親友というよりは兄弟のような関係。

＊14―1858年（安政5年）に結ばれた日米修好通商条約で、事実上開国をしていたが、「条約を追認し開国を続けるか」「破棄して鎖国に入るか」「戦って植民地化を防ぐか」など様々な思想が渦巻いていた。

＊15―幕府を助けることと倒すこと。倒幕とはいえ、初期の段階では、幕府の意識、システムを変えることを意味した。状況が押し詰まった1868年（慶応4年）の鳥羽伏見の戦い以降、「討幕」という言葉も用いられ、軍事的な側面でも幕府を消滅させる意味となった。

＊16―1864年（元治元年）6月28日付で送った手紙。原文（口語訳）では「天下にことをなすものは、ねぶと（腫れ物）もよくよく腫れないと、針を刺しても膿は出てこんぜよ」。倒幕派の志士たちが新選組に襲撃された「池田屋事件」直後の時期のため、事件のことを指していると思われる。

＊17―高い志を持つ人。国家・社会のために身を犠牲にして尽くそうとする志を持つ人。『論語』

の「志士仁人」に由来する。

＊18―1866年（慶応2年）2月頃、薩摩藩の人間らが保証人となり、龍馬とおりょうは事実上、結婚した。そもそも、この時代には、夫婦での旅行、カップルで行動という概念がなかったため非常に珍しい。

＊19―1866年（慶応2年）1月、伏見の船宿・寺田屋で伏見奉行（幕府側の人間）に襲われ、左手の指などを斬られたがピストルで反撃、おりょうの機転もあり逃げのびた。

＊20―他のイラスト入りの手紙として1866年（慶応2年）12月、兄・坂本権平宛の下関開戦絵図（幕府による第二次長州征伐）などがある。

幕末用語辞典

【洗濯】せんたく
衣類などの汚れを洗ってきれいにすること。坂本龍馬は、1863年（文久3年）、姉の乙女に宛てた手紙で「日本を今一度せんたくすることにしたい」と書いた。ただし、実際はいい洗剤がなかったのか洗濯はしていない。洗っても干す場所がないことに気づいたか。

【北辰一刀流】ほくしんいっとうりゅう
剣術の流派。龍馬が学んだ千葉道場は、千葉周作の弟・千葉定吉が道場主の通称、小千葉。子孫である千葉真一は、のちにジャパン・アクション・クラブを作った。

【池田屋】いけだや
京都三条小橋にある旅館。1864年（元治元年）、長州、土佐、肥後藩の志士が謀議中に新選組が襲撃した「池田屋事件」の舞台。謀議中には湖池屋のポテトチップスを食べていた。

【蛤御門の変】はまぐりごもんのへん

１８６４年（元治元年）、長州藩が京都へ出兵し、京都守護職と戦って敗れた事件。禁門の変。蛤御門は京都御所西側にある門。そこをくぐるとアサリ門。さらにくぐるとシジミ門と、だんだん小さくなる。両隣はサザエ門とホタテ門。

【黒船】くろふね

室町末期から江戸期にかけ、欧米から日本に来た艦船のこと。船体が黒く塗られていたことから、こう呼ばれた。狭義には、１８５３年（嘉永6年）、アメリカからペリーが浦賀（現在の神奈川県横須賀市）沖に来航したこと。なお、船体が赤く塗られた船は「赤船」となり、三や敏郎で塗られた船は「三船敏郎」と呼ばれた。

【攘夷】じょうい

夷（異民族、敵）を攘（はら）うこと。幕末期、開国をせまる欧米諸国を排撃し、鎖国を主張する思想。なお、攘夷に喜びを感じる志士たちはＪｏｙ派とも呼ばれた。

【勝麟太郎】かつ・りんたろう

勝海舟の幼名（ちなみに海舟は号）維新後に安芳と改名。名前のイメージからして、デカそうだが、実は身長１５０センチ程度。田中裕二よりちっちゃい。

【洟垂れ・ハナタレ】はなたれ

幼少の頃の龍馬は弱虫で、洟垂れ、よばあ垂れ（土佐弁でおねしょをする人）などと呼ばれたが、青年期には、鼻も手も足も美しくなった。のちＣＭなどにも引っ張りだことなり、立派な手タレ、足タレ、鼻タレとなった。

第二章

維新の三傑
革命家・桂《かつら》小《こ》五《ご》郎《ろう》への手紙

画・太田光

桂小五郎《かつらこごろう》

1833年（天保4年）生まれ。出身地である長州藩（現在の山口県）は、江戸時代の国内流通拠点のひとつである下関港を持ち、財政は豊か。関ヶ原の戦い以来、徳川幕府からは冷遇され、恨みを持ち続けていた。

桂小五郎は、冷静沈着な性格で、別名「逃げの小五郎」と呼ばれ、物乞いに身を変えて京都から脱出した話は有名。

桂の恋人であった京都の芸者・幾松は、新選組の追及からたびたび桂を救い、維新後、正式に妻となった。

龍馬が長州の人間へ書いた手紙は、海援隊の下関事務所を置いた伊藤家の当主・伊藤助太夫に12通、桂に9通、森玄道と伊藤に連名で2通の計23通が現存している。

薩長同盟が結ばれた次の日、1866年1月23日に、寺田屋で幕府の役人に襲撃されたときの様子を桂小五郎に報告した手紙。

桂小五郎宛

慶応二年（一八六六年）二月六日

このたびの使者・村新[*1]と同行し、参上しなければいけないところですが、実に心にまかせて行動できない理由があります。

それは先月二十三日夜、伏見に一宿したところ、はからずも幕府が人数を立てて、「龍を討ち取る」と、夜八ツ時頃[*2]、二十人ばかりが寝所に押しこんできました。

皆、手に槍《やり》を持ち、口々に「上意[*3]」「上意」と言うので、少々弁論もしましたけれども、さっさと殺そうとする様子でしたので、是非《ぜひ》もなく、かの高杉から送られたピストルで槍を打ち払い、一人を撃ちました。

いずれも近くにいたので、さらに何発か発射しましたが、傷は浅かったので、手負いになりながらも、引き下がった者が四人いました。

このとき、初め三発、発射したとき、ピストルを持った手を切られましたが、浅手でした。そのひまに隣家の戸をたたき破り、うしろの町に出て、薩摩の伏見屋敷に引き取っていただきました。

ただいま、その手傷を養生中《ようじようちゆう》なので、参上することができません。何卒お許し願う次第です。いずれ近々拝顔《はいがん》のうえ、申し上げます。万を謝します。謹言《きんげん》

二月六夕　龍

木圭《ぼつけい》先生[＊4]

机下

＊1―薩摩藩士・村田新八（しんぱち）。西郷隆盛の側近として活躍。手紙の状況においては西郷の代理人。

＊2―深夜2時頃。

＊3―主君の命令。江戸時代においては将軍の命令。とはいえ、幕吏は慣用句的に「御用だ」と同じような意味で使っていた。

＊4―桂小五郎のこと。桂を木と圭に分けてある。

こだわらない龍馬

太田――幕末もほんとの末期になると、龍馬は何度も命を狙《ねら》われてるんだよね。桂小五郎（維新後、木戸孝允《きどたかよし》）や坂本家に宛てた手紙には、寺田屋での襲撃事件のことが書かれていてね。

田中――襲ったのは幕府側なんだろ。すでにその頃、龍馬は最も危険な人物になってたってことかな。

太田――そうだね。薩長《さっちょう》*6同盟を結ぶあいだに入ったということは、倒幕の意志があると思われても仕方がないことだからね。ゆえに、薩長同盟が結ばれた直後、伏見《ふしみ》の寺田屋*5にいるところを奉行所《ぶぎょうしょ》の役人に襲撃された。（※注釈77ページ）

田中――まさに寝込みを襲われたわけだね。

太田――手紙によると、話し合いの余地《よち》もなく命を狙ってきたから、高杉にもらった短筒《たんづつ》で応戦したらしい。

田中――短筒ってのは、ピストルのことだよな。なんかイメージ崩れちゃう感じもするよな。龍馬は剣士なんだから、剣で戦ってほしかったっていうかさ。

太田——いや、その時期になると、もう龍馬は刀を持ち歩いてなかったんじゃないかな。暗殺された近江屋でも刀をそばに置いてなかったから、反応が遅れたわけだし。

田中——ちょっと待てよ。脱藩《だっぱん》*7してたし、下級武士*8の出身とはいえ、刀は肌身離さず持つのが武士としての心得っていうかさ……。

太田——ばか、何言ってんだよ。そこが龍馬のすごいところなんだよ。「かくあるべし」がないのがいいんじゃん。そういうこだわりもたしかにカッコいいんだけど、龍馬は、その一歩上を行ってるんだもん。

田中——なるほどね。

太田——ファッションとかには、多少のこだわりがあったみたいだけど、基本的には、藩とか身分のこだわりやしがらみがなかったから、自由な発想ができたんだと思うよ。あくまで個の人間なんだよね、龍馬って。

田中——寺田屋で襲われたときも、勝てないとみるや逃げたわけだろ。

太田——そう。逃げることをカッコ悪いとも思わない。武士だったら最後まで戦うべきという気持が優先してたら、そこで殺されちゃってた。

田中――ああ、なるほどね。

太田――お前みたいに、変なプライド持ってるのは人間としてダメだよ。昔、「今日の仕事は春日部で営業です」って言われたとき、「え～っ」って言ったからな。そういうのはよくないよ。

田中――そうだっけ。でも、お前だってロケの仕事はイヤだって言うじゃん。

太田――だって、外は寒いから……。

田中――こだわり以前のわがままじゃねえか！

仕切ってみせます、薩長同盟

太田――龍馬が残した偉業のひとつが、薩摩藩と長州藩に同盟を結ばせたことなんだよな。

田中――それぐらいは、俺だって知ってるよ。

太田――いや、お前はぜんぜんわかってないよ。そもそも薩長同盟っていうのは密約だからね。書類に調印をして、笑顔でがっちり握手して「はい、写真撮ります」みたいなことが行われたわけじゃない。

田中――ま、時代が時代だから、そこまでのものとは思ってなかったけど、いわゆる調印式みたいのがあったわけじゃないのね。

太田――薩摩と長州の両藩に顔がきく龍馬があいだに入って内容を確認して、密約が成った場には証人として出席していた。話し合いの翌日には、長州藩の代表である桂小五郎が龍馬宛に「昨日の件は、こんな内容でしたよね」っていう手紙を書いてて、そこに龍馬が「うん、そのとおり」って裏書きをして送り返してるんだよ。

田中――それは、すげえ貴重な手紙だよな。明治維新を象徴するものだもん。

太田――龍馬も大変だったと思うよ。当時「大きな藩である薩摩と長州が手を結ぶといい」と考えた人は、他にもいるんだけど、龍馬のように行動には移していないからね。

田中――だれもが思うアイデアでも、実際にやるかやらないかの違いはでかいよな。

太田――同盟とはいえ、基本的には薩摩主導だったたし、「幕府との戦いで敗れた長州の苦境を救う手助けを薩摩がする」という考えを龍馬が伝える感じなんだよね。

田中――でも、なんで長州が幕府と戦わなきゃなんなかったの？

太田――いいですか、説明しますのでよ〜く聞いてください。

田中――……はい。

太田――まず、下関という港は、江戸時代の海運の拠点《きよてん》のひとつで、それを持つ長州藩は大藩だということが前提です。で、「安政《あんせい》の大獄《たいごく》」で処刑された吉田《よしだ》松陰《しょういん》という人物の影響もあって、長州藩は尊王攘夷から倒幕論に至《いた》ったのであります。

田中――なんでお前は説明するとき丁寧《ていねい》語になるんだよ！

太田――倒幕論が藩論になった時点で、長州は、ほかの藩や幕府から疎外《そがい》されて、結果、京都へ挙兵《きよへい》した。これがいわゆる「禁門《きんもん》の変」であります。

田中――ま、いいや。続けて。

太田――その禁門の変で敗れた長州藩は、さらに幕府から長州征伐《せいばつ》を受けます。

田中――そりゃ、そうだよね。クーデターまがいのことを起こした藩を放っておけないもんね。

太田――長州征伐を行った幕府軍とは、薩摩藩や小倉《こくら》藩の連合軍です。ここに薩摩がいたっていうのは重要ですよ。

田中――なるほど。長州にしてみりゃ、薩摩に対して「ついこないだ、お前の藩はうちに攻めてきたじゃないか」ってなるよね。

太田——征伐とは名ばかりで、実際に戦闘はなかったんだけどね。西郷隆盛が幕府側の中心となって戦後処理をしたらしいけど。

田中——あきらかな敵ではあったけど、微妙な関係だったとも言えるのかなぁ。

太田——そういう位置関係だったから、同盟を結ぶにしても互いの顔を立てて妥協点を見つけなければならない。薩摩藩にしても長州藩にしてもプライドとか意地があるから、何度か「やっぱやめる」みたいなことにもなったらしいし。

田中——そりゃ、大変だわ。

太田——結果、ふたつの大藩が結びついて、新しい体制・国家の基本が生まれたわけだけど、龍馬としては「今、ここでもめないでくれよ。その先があるんだからさ、早くしてくれ」って思いだっただろうね。

田中——一緒に幕府を倒して、民主主義に近い新しい国を作ろうってことね。

太田——そこが微妙なところでさ、その時点で両藩とも幕藩体制はもう長く続かないと考えてたらしいから、いわゆる倒幕が目的ではないんだよね。つまり、幕府を相手にともに戦う軍事同盟ではなく、「幕府も朝廷ももうダメだから、力のあるわれわれがなんとかしなきゃ、日本がやばいよ」「新しい共同体を作ろうよ」って感じ。

田中――でも、朝廷は日本の歴史上、ずっと権威を持ち続けてたわけでしょ。それこそ征夷大将軍《せいいたいしょうぐん》の任命権を持ってたわけだし。

太田――権威はあるけど、権力も軍事力も求心力もなかっただろうからね。

田中――なるほどね。

太田――プロ野球が1リーグ構想どうこうでもめてるときに、「そうじゃないよ、来年以降も試合をしてかなきゃならないし、もめてたらプロ野球そのものがなくなっちゃうよ」ってことと同じだね。つまり、薩摩が巨人なら、そうだね、長州は新日本プロレス。

田中――野球とプロレスは別物じゃねえかよ！　だいたい、そっちの長州は、もうとっくに新日を辞めてるよ！

太田――あと、龍馬の場合、思想だけじゃなくて、ビジネスでふたつの藩をつなげたのもすごいと思うよ。いわば資本主義を利用した交渉術でさ、薩摩は長州に武器を与えて支援するかわりに米をもらうという商売を先にさせて、既成事実を作っちゃった。

田中――先にそういう関係を作っておけば、同盟も結びやすいってことね。

太田――ブスとついヤッちゃって、しょうがなく付き合うことになったけど、意外にまんざらでもない、みたいな。

田中――たとえが下品なんだよ！

太田――当時の軍事力を左右していたのは、大砲や小銃の性能だったんだけど、幕府と1回もめてる長州藩としては、おおっぴらに武器を外国から買いつけることはできない。

田中――「あれ？　またなんかやろうとしてるわけ？」みたいなことになる。

太田――とはいえ、奇兵隊《きへいたい》*9を組織した高杉晋作《たかすぎしんさく》*10が藩の主導権を握った長州としては、やっぱり高性能の武器が欲しい。攘夷を行動に移して下関で外国艦隊に砲撃しちゃった報復で、英米蘭仏の4カ国連合艦隊にも攻められてたから、ほんとうに喉から手が出るほど、武器が欲しかった。

田中――そこで、龍馬が取引をさせたってことね。

太田――長州藩は、あのグラバーから薩摩藩名義で武器を購入し、薩摩藩は米をもらう。鹿児島県というところは、地質が稲作に向いてなくて米があまり穫れないから、互いにメリットはある。

田中――米は、いくらあっても困るわけじゃないしね。なんともウマいこと考えたもんだね。

太田――ま、でも、結局時代の流れがそうだったとも言えるからね。薩長同盟の前年に

「長州がまたなんか奇兵隊とかやってるぞ」って気づいた幕府は、14代将軍・徳川家茂《いえもち》が長州への出兵命令を出すんだけど、すでに薩摩藩は参加しなかったからさ。結果、幕府軍の敗北ってことになって家茂の死にも通じるんだけどね。

田中――なるほどね。

太田――ただ、やっぱり、龍馬が個人として薩長同盟に関わっていたからこそできた交渉術だし、亀山社中《かめやましゃちゅう》という会社を持ってたのも大きい。

田中――よく考えたらすげえよな。幕藩体制が残ってるなか「薩・長・龍馬」で並列なんだもん。

太田――思想というか、人の考えとか気持って、矛盾するのが当たり前じゃん。

田中――なんだよ、急に。

太田――昨日と今日で意見が変わることなんかよくあるわけじゃん。世の中とか自分のまわりが変化するんだから、自分も変わらないわけにはいかないんだし。藩という組織だと、そうそう身軽には動けないけど、「個」ならば、すぐに対応できるからね。

田中――龍馬が「個」として関わったメリットが活きたんだろうね。

太田――でも、龍馬って、もともとそういう気質を持っていた感もあるんだよね。トリックスターというかさ、「お前、昨日と言ってること違うぞ」って言われても「エヘ」とか「そお?」で済ませちゃうし、済ませられる。

田中――そこまでいくと単なるいい加減なヤツじゃねえかよ！

爆笑問題のスタンス

太田――幕末の志士《しし》と呼ばれる人物たちは、それぞれこだわりがあったんだと思うんだよ。そのなかで龍馬のこだわりのなさは特別だね。

田中――戦いひとつ取ってもそうなんだろ。刀をやめて鉄砲持って、さらには『万国公《ばんこくこう》法《ほう》』＊11持ち出してみたいな。

太田――武士道っていう生き方があるじゃん。『葉《は》隠《がくれ》』＊12みたいなさ、美学っていうか。そういうのを龍馬は気にしてなかったんじゃないか。

田中――「お前、この前と言ってること違うじゃん」って言われてたんだろうなっていう。

太田――柔軟性があるってことでね。変わるのは進化してるってことだしさ。自分だけじゃなくて、周囲の情勢だって日々変わってるわけだから。

田中――まあな。日常でも、ひとつのことにこだわるのは善し悪しだからね。そう単純に割り切れるものでもないよな。

太田――芸人でもさ、「こういう仕事はどうこう」とか「信念がどうこう」ってさ、そんなの言ってたら始まらないよ。

田中――ストイックになって、こだわるのもちょっとね。

太田――俺はキャラクターとして、そういうこだわりがあるみたいに思われがちなんだけど、そうじゃないぜ。ダジャレだろうが、ベタだろうが、とりあえず言っとけみたいな感覚もあるもん。

田中――たしかに、お前はそういうところあるよな。

太田――社会派とかブラックなネタをやるみたいな評価もあるわけじゃん。

田中――テレビに出たら「爆笑問題はひよった」みたいなね。

太田――ただね、そこにこだわり続けちゃうと、もうどんどんマニアックになっていくしかないんだよね。

田中――一部の人には熱狂的に支持されたり、レベルが高いみたいなことは言われるんだろうけど、逆に言えばふつうの人たちにはウケなくなるね。

太田――ぶっちゃけ俺たちも、そういう位置にいたのは事実だからね。だから意識してこだわらないようにしたよ。それで、「世間に迎合《げいごう》した」って言われても困るよ。

田中――求められるままエスカレートしてたら、それは笑いじゃなくなっちゃったかもな。

太田――それで言うなら、俺よりお前のほうが変なこだわりあるじゃん。事務所を設立してぽつぽつ仕事が入りだした頃、『GA《ガ》HA《ハ》HA《ハ》王国』っていう番組に出る出ないって話があったじゃん。

田中――はいはいはい。テレ朝のネタ見せ番組ね。

太田――お前、そんとき「出たくないよ。今さらまた勝ち抜きやるのはイヤだ」って言ったからな。

田中――でもさぁ。そのときはちょっと違和感があったっていうか。なんだろう、一緒に出てたのが、「X《バツ》―GUN《グン》」とか「フォークダンスDE《デ》成子坂《なるこざか》」とか「海砂利水魚《かいじゃりすいぎょ》」（現在の「くりぃむしちゅー」）とかさ、俺たちより下の世代って感じがしたからさ。

太田――そんなこと関係ないんだよ。とにかくやらなきゃ、なんにも始まらないんだからさ。若手と混ざっていいんだよ。下ネタだって気にしないでバンバンやるよ。

田中――でもさ、そういう勝ち抜き戦みたいなとこに出て、2週勝ち抜きぐらいで負けちゃったらカッコ悪いじゃん。

太田――負けたら負けたでいいじゃん。そこまでの実力だってことだよ。

田中――ま、10週勝ち抜いて、初代キングになったけどさ。

太田――『ボキャブラ天国』に出ることになったときだって、俺は違和感なかったよ。

田中――あんときも周囲が「なんで爆笑問題が？」みたいな雰囲気になってたのは事実だからね。

太田――どんな番組でも喜んで出ますよ、なんでもやりますよって感覚はいまだにあるぜ。だって、頼まれるうちが華だって思うもん。それに今、ゴールデンの番組を持ってるけどさ、まだまだ過程だもん。いわば道の途中だよ。もっともっと影響力を持ちたいよ。

田中――でも、企画とかに関しては、ある程度こっちの要望を言えるポジションにはなってるかな。

太田――やっとかなっていうね。テレビという枠の中で、やりたいことをやれるようになった感はあるけどね。

田中――ま、これからもそのへんは頑張っていきましょう。

太田——あ、でも、俺もこだわりというか「これだけはやらない」と思っていることがひとつだけあるな。

田中——なんだよ！　なんでもやるんじゃなかったのかよ！

太田——しいて言うなら〝内輪《うちわ》ネタ〟はやりたくないってのがあるね。

田中——……ま、たしかにお前はそういうのは少ないかもな。

太田——たとえばスタッフの名前を出すとかの、いわゆる楽屋落ちじゃなくて。広い意味での「内輪」ってことなんだけど、だからといって絶対やらないっていうわけでもないからなぁ。

田中——何が言いたいんだよ。

太田——持ちネタみたいのがあるじゃん。「テレビでおなじみ」とか「あの番組での決めゼリフ」みたいな。ああいうのも内輪ネタだと思うんだよ。それは、テレビを見てる人やその番組を見てる人にしかわからないんだからさ。

田中——なるほどね。テレビとは違う場所であるライブや寄席では、それをやりたくないってことね。

太田——初めて見る人や聞く人が理解して笑えるネタをやっていきたいとつねづね思って

います。ええ、思っていますとも。
田中――なに良心的なこと言ってんだよ。逆に言えば、ふだんテレビを見てくれている人にサービスをするっていう考え方もあるわけだろ。「待ってました！」とか「ご存じ！」みたいな求められ方をされる場合もあるんだからさ。
太田――そうなんだよね、言いたいことはわかるよ。だから、俺たちの特徴というか弱点は、流行語になるようないわゆる「ギャグ」を作れないことだと思うんだよね。
田中――どんな場所でもかならずやるネタはないし、あってもやらないから流行《はや》りようがないもんな。
太田――ただ、何十年と同じネタを繰り返すのも、すごいことだとは思う。
田中――まあね。
太田――俺が作った流行語って「お呼びでない」とか「間違いない！」だけだもん。
田中――全部他人のネタだよ！

こんなところに住みたいな

太田――龍馬は若い頃に江戸へ留学に来たときをのぞけば、あとはほとんど定住をしていなかったんだよね。

田中――ま、そうだよな。千葉道場以降は、長崎に行ったり京都に行ったりという感じだろ。

太田――あとは、やっぱり下関も多かったみたいだね。長州藩との関係もあるし、下関港っていうのは幕末時に相当重要な港だったからね。

田中――へぇ～、そうなんだ。

太田――いずれにしても、俺と同じで、生活感をあまり感じさせない男なんだよね。お前みたいに所帯じみたところがないっていう。

田中――お前に生活感がないっていうのは、なんとなくわかるけど、だからといって俺が所帯じみてるわけでもねえだろ！

太田――なんか、みみっちいじゃん、お前。「あっちのスーパーのほうが白菜が5円安い」

って、よく言ってるし。

田中――いつ俺がそんなこと言ったっていうんだよ！　龍馬だって「天下国家より日々の生活をちゃんと送ることのほうが難しい」みたいな考えだったんじゃないのかよ！

太田――俺も龍馬も、いわば旅人なんだよね。だから、生活感もないし、逆にどんなところであっても生活できるっていう。

田中――着るもの、食べものだけじゃなくて、住むところにもこだわってないってことね。

太田――当時、大多数の庶民は質素な暮らしだったわけじゃん。龍馬なんかは、もうそれで十分だったんじゃないか。

田中――映画だのなんだので垣間《かいま》見る長屋なんかは、ほんと狭い家だよな。

太田――古典落語とかの描写でもわかるよね。でも、長屋暮らしも悪くないとは思うよ。うん、嫌いじゃないね。

田中――そうかぁ？　言っとくけど、江戸時代の長屋って相当狭いんだぜ。実際にそこに住めって言われたら、俺は無理だもん。

太田――あ、そう。俺はぜんぜん平気だけどね。だって、結婚する前は、6畳一間・風呂なし・トイレ共同っていうアパートにカミさんと住んでたぐらいだし。
田中——初台《はつだい》のあの部屋な。たしかに、そうだった。
太田——ヘタすりゃ6畳でも広すぎたからさ。「こんな大きな部屋に住んで、やっと俺も一国一城の主《あるじ》だ」って思ったから。
田中——んなわけねえだろ！　そもそも、カミさんが借りてた部屋に転がり込んだだけじゃねえか！
太田——荷物も少なかったしね。手を伸ばせば、なんでも取れる生活って便利じゃん。だから、そうだね、2畳もあれば俺は大丈夫だな。
田中——ま、その気持はわからなくもない。広かろうが狭かろうが、食べて寝るっていう生活に変わりはないんだから。
太田——ただ、部屋は狭くてもいいんだけど、天井だけは高くなきゃヤだな。広さは2畳、天井まで10メートル。
田中——そんな部屋存在しねえだろ！　どんだけいびつだよ！
太田——理想は、テレビ局のスタジオぐらいの高さなんだよね。
田中——わかりやすく言うなら、学校にある体育館と同じぐらいかな。

太田——スタジオの天井の高さって心地いいんだよ。収録の合間。床に寝そべって見上げる俺。そこには俺にしか見えない夜空。
田中——照明のことか！　どんな比喩《ひゆ》なんだよ！
太田——でも、スタジオに寝っころがるのは、マジで気持よくってさ。仕事がないときでも、寝るためだけにわざわざスタジオに行くからね。
田中——ウソをつけ！
太田——そうすると、学級委員の女子が呼びに来て「やっぱりここね。もう、太田くんったら、先生が探してるゾ」みたいな。そして、スタジオから校舎に向かう俺は不良。
田中——中途半端な学園ドラマになっちゃってるだろ！　設定もよくわかんねえしよ！
太田——まぁ、でも、天井は10メートルなくても我慢《がまん》できるか。うん、俺は江戸時代の長屋に住めるね。
田中——広さだけじゃなくて、環境も考えろよ。風通しをよくするためだろうと思うけど、長屋は密閉性がないから寒いはずだぜ。異常なほど寒がりのお前は、それだけで、絶対無理じゃん。
太田——寒いのはヤだからな。ま、でも、エアコンをつければ大丈夫だよ。

田中――江戸時代は電気がないだろ！

太田――何言ってんだよ、電気がなきゃ暮らせるわけねえだろ。俺がどれだけ電力を好きか、お前知らないのか！

田中――電気や電力は好きとか嫌いで語れる事象《じしょう》じゃねえだろ！

太田――電気がないとパソコンが使えない可能性があるから困るよ。

田中――可能性じゃなくて、実際に使えないんだよ！

太田――電気がないとネットにもつなげないし、CD－ROMも焼けない。

田中――全部パソコンがらみじゃねえかよ！　お前、それしかねえのかよ！

太田――逆にパソコンさえあれば、生きていけるんだけどなぁ。

田中――結局、お前には長屋暮らしはできないってことだよ。お前の好きな読書にしたって、夜は電気が必要なんだからさ。

太田――あ、読書に関しては、本当に大丈夫。ちょっとでも明るければ読めるから。

田中――基本的に当時は、明るくなったら起きて、暗くなったら寝る生活だったんだからね。行灯《あんどん》を使っても1ワット程度の明るさだっていうぜ。

太田――そんだけあれば十分だね。ふだん移動の車で本を読むんだけど、夜は明るくないもん。

田中──車内で使えるライトをつけてるけど、たしかにそうだよな。

太田──タクシーで移動してるときなんかは、車内灯がないから、窓から差しこむ街灯をたよりにして読んだりするぜ。

田中──そこまでして本を読む必要があるのか！

太田──都心は夜でも明るいんだよね。本の角度を変えたりして、うまくやれば読めますよ。

田中──もういい、わかったよ！

太田──月の明かりや星の瞬《またた》きでも、ロマンチストな私は読めますね。

田中──んなわけねえだろ！

太田──苦学してるときは、蛍《ほたる》を集め、また雪の輝きや薪《たきぎ》の炎で本を読みました。

田中──誰なんだよ！　お前は！

太田──あと、薪を背負って歩きながら薪に火をつけた炎の明かりで読んだ私。

田中──もう、何が言いたいのかもわからねえよ！

革命が似合う男

太田――俺が幕末の人物のなかで、龍馬の次に好きなのが高杉晋作なんだよね。

田中――長州藩の偉人のひとりだよな。「奇兵隊」という軍隊を作った。

太田――なんていうのかな。この人はね、根っからの革命家なんだよね。いや、革命家というより革命屋だね。龍馬の場合、革命は目的じゃなく手段だったんだよ。自分のやりたいことをやるための前段階としての革命をするっていうことでさ。それに比べると、高杉の場合は革命にしか生きられないっていう感じなんだよね。混沌《こんとん》とした世の中だからこそ生きられるっていう。

田中――でも、革命を成し遂げる前に亡くなってるんだろ。

太田――それはあくまで一説であって、実際は生き残って明治維新後にキューバに渡り、チェ・ゲバラと名乗ったのかな。根っからの革命屋ですな。

田中――ウソをつけ！　時代が合わねえだろ！

太田――いわゆるお祭り好きなんだよ。「面白き こともなき世を 面白く」という辞世《じせい》の句を詠《よ》んだとされてることからもわかるし。

田中――自分から楽しんじゃえ、みたいな感じかな。

太田――そうだね、俺のイメージとしては躍動感《やくどうかん》あふれる感じだね。飛び跳ねるように生きたというかね。登場シーンでは、かならず画面がぱっと明るくなって、アップテンポの音楽が流れたらしいしね。

田中――登場の意味がわかんねえよ！

太田――当時の日本人としては、珍しいタイプではあるよな。

田中――今でもなかなかいないだろうな。俺はあんまり友達になれないタイプかもしれないよ。

太田――しょせん、お前は小市民だからな。ただ、桂小五郎なんかも、ふだんは持てあしてた感はあってね。どうしても必要なときやピンチのときに、あいつならなんとかしてくれるだろうっていう存在でさ。そういうときには「高杉を呼べ」みたいな感じになってたらしいよ。

田中――なるほどね。

太田――明治になって以降だろうけど、伊藤博文[*13]も「高杉がいなかったら今の日本はなかった」みたいなことを言ったらしい。

田中――へぇ～。

太田――そして、香典《こうでん》として自分が描かれた千円札をそっと渡した。

田中――昭和になってからだろ！　お札の肖像になったのは！

太田――日本は島国だからさ、革命を勝ち取る意識が生まれにくいんだろうね。守ろうという意識のほうが強くなっちゃって。

田中――だから、高杉とか龍馬の発想が生まれにくいんだろうね。

太田――とはいえ、高杉は、あくまでふつうの革命の範囲におさまる感じだよね。もちろん希有《けう》な人物ではあるけれどさ。うん、俺は世界中の革命を学んでるからわかるんだけどさ。

田中――ちょっと待てよ、お前は、歴史が得意ってわけでもねえだろ。

太田――いやいや知ってますよ。フランス革命とかロシア革命とか、あとは大貧民の革命とか。あれは地方によってルールが違うから困るんだけどね。なかなか4枚集まらないから。

田中――トランプの話になっちゃってるだろ！

＊5―船宿・寺田屋。薩摩藩士が利用していたことなどから、龍馬もたびたび宿とした。
＊6―6条あり、幕府軍との戦争になった際の対応、長州の状況などにより細かく決められた。基本的には朝敵とされた長州の復権に薩摩が協力するという内容。
＊7―武士が自らの意思で所属している藩を抜けること。主君に反旗を翻（ひるがえ）すため厳罰必至。命を賭ける覚悟が必要だったとされる。
＊8―明確な身分制度があった江戸時代は、藩によって差もあるが、武士も細分化されていた。坂本家は郷士格。
＊9―長州征伐後に高杉晋作が組織した、町人・農民を含む身分を問わない軍隊。
＊10―「動けば雷電の如く、発すれば風雨の如し」と称された型破りな行動力を持つ人物で、長州藩内ではカリスマ的な人気があった。1867年（慶応3年）、29歳で結核によりこの世を去った。
＊11―第三章「御三家なんて怖くない」（95ページ～）参照。
＊12―江戸中期に成った武士道を論じた書。「武士道といふは死ぬことと見つけたり」で有名。
＊13―伊藤俊輔。長州藩下級武士。吉田松陰門下。明治政府では、初代総理大臣となった。

幕末用誤辞典

【神道無念流】 しんとうむねんりゅう

神田の北辰一刀流・千葉道場（玄武館）、京橋の鏡心明智流・桃井道場（士学館）と並び、麴町の神道無念流・斎藤道場（練兵館）は江戸の三大道場と呼ばれた。これに銀座の道場六三郎・ろくさん亭を加えたものを四大道場ともいう。

【亀山社中】 かめやましゃちゅう

龍馬が長崎・亀山に作った総合商社。社中は、会社や結社の意だが、そういう概念のない時期に作ったことは評価される。のち「海援隊」の母体となった。ほかに、くりぃむで作られた「くりぃむしゃちゅ～」もある。

【寺田屋】 てらだや

京都・伏見にある船宿。龍馬が幕府側・伏見奉行所の捕り手に襲われた事件や、寺田屋騒動などで有名。船宿で天井が低く、刀が使えなかったのも、龍馬が暗殺を逃れた理由のひとつ。21世紀の今も存在し営業中。おそらく主人は160歳を超えているであろう。

【桂小五郎】 かつら・こごろう

落語家。高校卒業後、桂三枝に弟子入り。前座名は五枝、二つ目昇進時に小五郎と名乗る。本名は木戸孝允。

【ピストル】 ぴすとる

拳銃。龍馬は高杉晋作からもらったスミス&ウエッソンの6連発リボルバーを愛用。当時は短筒と呼ばれた。嘆きながら撃つピストルは「嘆筒」で、相手を探しながら撃つピストルは「探筒」、自分の世界に入り込みながら撃つピストルは「耽筒」。

【奇兵隊】 きへいたい

高杉晋作が幕末期の長州藩(現在の山口県萩市)にもうけた軍隊。「騎」ではなく「奇」兵となったのは、武士で組織した正規の軍隊とは異なり、農民なども参加したことによる。このうんちくを聞いたゲストは、ボタンを押しながら、奇へぇ〜隊と言った。

【維新】 いしん

物事が改まって新しくなること。政治の体制が一新され改まること。一般的には、明治維新。――の三ケツ　明治維新に大きな勲功のあった西郷隆盛、大久保利通、木戸孝允の3人のケツのこと。

【上洛】じょうらく

地方から都へのぼること。つまりは、京都へのぼること。中国において、後漢以降、洛陽が都になることが多かったため、洛は都の意となった。「のぼる」という言葉を使うってことは、当時、京都は山の上か空中に浮かんでいたと思われる。

【松下村塾】しょうかそんじゅく

1858年（安政5年）に吉田松陰が長州藩に創設した私塾ですって。「あ、しょうか」。高杉晋作、久坂玄瑞、伊藤博文などが門下生なんですよ。「あぁ、しょうですか」。

【グラバー】ぐらばー

トーマス・ブレイク・グラバー。1838年（天保9年）生まれのイギリスの武器商人。長崎のグラバー邸での観光収入をもとに武器や軍艦の売り買いを始めて大儲けした。

第三章

才気煥発
右腕・陸奥《むつ》宗光《むねみつ》への手紙

画・太田光

陸奥《むつ》宗光《むねみつ》

1844年（弘化元年）、紀州藩（現在の和歌山県）生まれ。藩の政争に巻き込まれて家が没落し、15歳のとき江戸へ出て勉学に励んだ。

その後、京にのぼって龍馬と知り合い、亀山社中（海運・貿易を行う民間会社）や海援隊に参加することとなる。龍馬は9歳年下の陸奥の商才を高く評価し、可愛がった。陸奥もまた、生涯、龍馬を敬慕しつづけた。

維新後は新政府に入閣し、農商務大臣、外務大臣を歴任。日本の外交史に功績を残した。龍馬が夢見た「世界の海援隊」は実現することなく幕を閉じたが、その志を最もよく引き継いだのが陸奥と言えるかもしれない。

龍馬が陸奥に宛てた手紙は、5通現存している。

陸奥が龍馬の刀を欲しがった件に関して、手入れを行うために大坂の刀研ぎ屋に出しているから、まだ渡せないという内容。

陸奥宗光宛　慶応三年[*1]（一八六七年）十一月十三日（推定）

一、差し上げようといった脇ざし[*2]は、まだ大坂の使いが帰らないので、（いつ出来上がってくるか）わからん。

一、持参された短刀は、差し上げると言ったわしの脇ざしより、よっぽど品がいい。中心[*3]（なかご）の銘や形は、まさしく確かなもんじゃ。それはともかく、大坂から刀を研いで帰ったら、お見せする。

一、わしの長脇ざしをご覧になりたいとのこと、ご覧に入れよう。

謹言

十三日　自然堂[*5]拝

陸奥老台[*4]

＊1―推定の日付では、龍馬の残した最後の手紙。

＊2―武士が腰に差す大小2本の刀のうちの小さい方。一般には1尺5寸（45センチメートル）程度だが〝長脇差し〟など時代により長さの差はあった。ちなみに大のほうは70センチメートルほど。

＊3―刀身の柄（握るところ）の中に収まる部分。銘（作者の名前）などが彫られている。

＊4―ふつう、老台（ろうだい）は手紙で年長の男子に用いる尊敬語。実際は陸奥のほうが年下だが、この場合は親しさを込めた洒落として使ったと思われる。

＊5―龍馬が下関で身を寄せていた伊藤助太夫宅の部屋につけた名。読み方は「じねんどう」。

カミソリ陸奥

太田――長崎で亀山社中を作って、船を使った商取引を始めた龍馬なんだけど、これがのちに発展して土佐藩の海軍である海援隊《かいえんたい》になるんだよね。

田中――龍馬は土佐藩を脱藩してたわけだろ。なんでそれがまた土佐藩の海軍なんだよ。

太田――勝海舟があいだに入って、脱藩の件は許されたんだよ。土佐藩サイドとしても龍馬の力を借りたかったのは事実だしね。

田中――ふ～ん。

太田――亀山社中はビジネスだけじゃなく、思想的な集まりという側面もあるし、さらに船を持ってる時点で軍事的な集まりでもある。

田中――なるほどね。

太田――そして、海援隊にはいろんな人物が集まっててね。高杉の奇兵隊《きへいたい》も面白い発想だけど、海援隊にも土佐藩以外の藩の出身者や浪人[*6]が集まってるんだよ。（※注釈は111ページ）

田中——やっぱり龍馬とその思想に惹《ひ》かれて集まったってことなのかな。

太田——勝海舟が進言《しんげん》して幕府が作った神戸の海軍操練所で知り合ったヤツが多いんじゃないかな。龍馬もここで操船術や航海術を学んだんだけどね。

田中——龍馬にはよっぽどの求心力があるんだろうね。

太田——そのなかでも、陸奥宗光《むつむねみつ》という男が切れ者なんだよ。「カミソリ陸奥」と呼ばれるほどの男で、龍馬よりもずいぶん歳下なんだけど、いわば海援隊のナンバー2。まさに龍馬の右腕的存在。

田中——あ、そう。

太田——生意気で、だれからも好かれてたとは言いがたいけど、二枚目なんだよね。陸奥だけに。

田中——理由になってねえだろ！　陸奥だから、容姿端麗《ようしたんれい》っていう意味がわかんねえよ！

太田——あとは、動物好きだったのかな。ムツだけに。

田中——ムツゴロウさんの「ムツ」になっちゃってるよ！

太田——龍馬も可愛がったから、ある意味、後継者と言えるね。龍馬の影響をじかに受けてる人物なんじゃないかな。維新後は明治政府の外務大臣とかも務めたし。

田中――陸奥にしてみりゃ、龍馬は偉大な先輩、憧《あこが》れの人みたいなものか。

太田――ま、そうだね。龍馬が「船中八策《せんちゅうはっさく》＊7」を編んだときね、これは船の中で考えたことからそう言われるんだけどさ。

田中――龍馬が考えた大政奉還《たいせいほうかん》論を中心とする新しい国家の方針ね。

太田――その「船中八策」をもとにした新政府の要人リストを西郷隆盛《さいごうたかもり》のところに持ってったんだよ。上野の西郷さんのところに。

田中――当時、まだ上野に西郷さんの銅像はなかっただろ！

太田――新国家のアイデアとして、議会や内閣を作るってことが書かれてるんだけど、薩摩藩、長州藩、土佐藩の要人がそれぞれ重要なポストについてるのに、龍馬の名前はそこにはない。不思議に思った西郷が「坂本どん、おんしの名前がないですばいでごわす」と尋《たず》ねた。

田中――方言としてはめちゃくちゃだけど、ま、当然そういうようなことを聞くよね。

太田――そこで龍馬はこう答えた。「いいんだよ、俺は。世界の海援隊でも作るから」。どうだよ、おい。

田中――たしかにカッコいいよな。まさに、これぞ坂本龍馬って感じで。

太田――「桂なんかより、西郷なんかよりも、俺のボスである坂本龍馬はどんなにすごいのか」って、そのとき陸奥も俺も思ったね。

田中――なんで、そこにお前が出てくんだよ！

太田――海援隊には、陸奥宗光みたいな切れ者以外に、どうしようもないヤツもいっぱいいるんだけどね。龍馬の幼なじみの沢村惣之丞《さわむらそうのじょう》とか。土佐勤王《きんのう》党時代からのくされ縁《えん》っていう。

田中――あのさ、昔、俺たちが最初に所属した事務所を辞めたときに、俺に「今日から、お前は沢村な」って言ったけど、それってその沢村？

太田――そうだよ、沢村惣之丞ってのが、もうほんとダメなヤツでね。龍馬の足手まといなんだよ。大事なときに足をくじいちゃったりしてさ。そういう意味で、お前はあの当時、俺にとっての沢村だったんだよ。

田中――そんなこと突然言われてもわかるわけねえだろ！　そもそも、俺はお前の足手まといだったのかよ！

艦長フェチ

太田――龍馬が、勝海舟の門弟になったり亀山社中を作ったりしたのは、船が好きだっていうのが最大の理由だと思うね。事実かどうかはわからないけど、司馬遼太郎の『竜馬がゆく』（文春文庫）の冒頭では江戸に剣術修行に行く龍馬が船頭《せんどう》に「ちょっと代わってくれ」って言って、船のこぎ方を教わったなんていうエピソードもあるからね。

田中――育った環境ってのもあるだろうね。土佐は目の前がすぐ海なんだからさ。

太田――そうだね、俺も育った環境のせいで、かなり船が好きだからね。

田中――ウソつけ！　埼玉には海ねえだろ！

太田――じゃ、なんで俺は船が好きなんだろうね。

田中――俺に聞くなよ！　龍馬の影響なんじゃねえのかよ！

太田――いや、それは違うな。小さい頃から、それこそ龍馬の生まれる前から船が好きだった記憶があるもん。

田中――わけのわかんないことを言ってんじゃねえよ！

太田——ていうか、俺は船とか海が好きっていうより、艦長になりたいだけだからね。
田中——船も船長も飛びこえちゃってるよ、夢がでか過ぎるだろ！
太田——なんていうのかな、艦長としてピンチのときにみんなに指示を出したいんだよ。
「ワープ！」みたいな。
田中——しかもふつうの戦艦《せんかん》じゃなくて『宇宙戦艦ヤマト』じゃねえかよ！
太田——船長なら「野郎ども、かかれっ！」と、叫べる船がいいね。
田中——海賊船《かいぞくせん》かよ！
太田——でも、いずれはね、船舶《せんぱく》免許をね、くれるものならもらいたいと思っています。
田中——免許は取りに行くものなんだよ！　どこの誰がお前に「はい、あげる」ってくれるって言うんだ！
太田——だって船舶免許は難しいんだろ。
田中——ま、そうだね。特殊小型免許ぐらいならお前でも取れるかもしれないけどさ。
太田——いちいち講習とか実技とかを習いに行くのはめんどくさいから、俺は府中の一発狙《ねら》いでいくよ。
田中——自動車の運転免許じゃねえんだから、府中は関係ねえんだよ！　そもそも府中には海がねえだろ！
太田――じゃ、鮫洲《さめず》かな。
田中――微妙に海に近いけど、そこも自動車免許だ！
太田――じゃ、やっぱり船舶免許はいらないな。よく考えたら、船に乗ったのは2回ぐらいしかないし。
田中――ちょっと待て！　お前、その程度で船が好きとか言ってたのかよ！
太田――1回目は中学生のとき、父親とふたりで青森に旅行した際に乗ったカーフェリー。2回目は九州で、やたらごてごてした船に30分ぐらい乗った。
田中――九州のはあきらかに遊覧船じゃねえかよ！　お前が船に乗ったのは実質1回だ！
太田――横浜で、氷川丸に乗ったような乗らないような……。
田中――動きもしねえよ！　その船は！
太田――だったら、やっぱり飛行機の操縦免許を取りに行こうかな。
田中――「やっぱり」ってのはどういうことだよ。
太田――いや、以前から取ろう取ろうと思ってててね。そろそろ訓練を受けはじめようかな。

田中――あのさ、絶対に取りに行かないくせに、しゃあしゃあとそういうウソをつくのはやめろよな。昔、雑誌の取材で「今はスニーカーを集めています」みたいなウソを平気でついただろ、履《は》きつぶすまで同じ靴を履くくせによ。

太田――……話すことがなかったもんで、つい。

田中――だからって、ウソをついちゃダメなんだよ！

太田――でもさ、幕末に飛行機があったら、龍馬は絶対、船より飛行機に憧れてたと思うよ。

田中――たしかにそれは言えてるね。

太田――う〜ん、それでも、俺は船かな、軍艦が好きだから。いや、戦闘機も捨てがたいな。

田中――どっちなんだよ！

太田――うん、軍艦だね、艦橋《かんきょう》がばーんとせり出してて、でかい大砲が何門もついてるような感じのやつ。ほら、俺って、タイプ的には海軍将校じゃん。お前は陸軍の歩兵タイプで二等兵だけど。

田中――どんな分類なんだよ！

太田――すげえお金が有りあまったら、絶対、軍艦買うね。潜水艦や空母も捨てがたいけど、やっぱり大砲がないとやだな。
田中――どっちにしても、個人で買える金額じゃねえよ！
太田――だから、まあ仮の話だよね。軍艦を買ったからって戦争をするわけじゃないしさ。大砲からは弾《たま》を撃たずに花火を打ち上げるつもりだからね。
田中――言ってる意味がわかんねえよ！
太田――人を殺すための兵器である軍艦の大砲から、平和の象徴ともいえる花火を打ち上げるパラドックス。粋《いき》ですな。
田中――それはたしかに面白いかもしれないけどさ。
太田――買った軍艦で紛争地域に乗り込んで、緊迫《きんぱく》したなかにドーン！　と花火を打ち上げる。
田中――まぎらわしいことをするな！
太田――「みなさま驚かれましたでしょうか。みなさまの心を癒《いや》すために遠く日本から花火を打ち上げにやって参りました。わたくしが太田、太田光でございます」みたいなマイクパフォーマンスをしてね。

田中――いの一番にお前が殺されるよ！

太田――ま、分析するなら、クルーザーとかじゃなくて、専用の目的のために作られた船とか、働く船が好きなんだよね。軍艦は戦うことが仕事なわけだし。

田中――ってことは、貨物船とかタンカーとかでもいいってことね。

太田――そうだね、あとはやっぱり磯野とかね。よく働くよ〜。

田中――サザエさんは関係ねえだろ！　磯野舟は名前だ！

御三家なんて怖くない

太田――亀山社中を土佐海援隊に発展させた龍馬なんだけど、その直後に「いろは丸事件」というのが起きちゃうんだよね。この事件に関しては、相当な数の手紙[*8]が残っているし、日本で初めての「国際法を使った交渉」という意味でも重要なんだよ。

田中――事件って言われてもわからないけど、なんだったの？

太田――船と船の衝突事故なんだけど、発生直後は「テロか！」って大騒ぎになってね。外務省筋はあわてたらしい。

田中――んなわけねえだろ！　維新前だから外務省がねえよ！

太田――海援隊が伊予《いよ》の大洲《おおず》藩＊9から借り受けていた、いろは丸が瀬戸内海を航海中に紀《き》州《しゅう》藩＊10の明光丸《めいこうまる》と衝突したんだよ。

田中――けっこうな事件だね。海運に使うような船だからお互い相当でかいんだろ。

太田――そうだね、ふたり乗り用の手漕《こ》ぎのボートと、足で漕ぐ鳥のヤツだったかな。

田中――思いっきり小っちぇじゃねえかよ！　公園の池の接触事故かよ！

太田――資料によれば、いろは丸が長さ約54メートル、幅約5・4メートルで160トン。明光丸は、長さ約75メートル、幅約9メートルの887トンってことだから、大きさは圧倒的に明光丸のほうがでかいね。

田中――そんなのがぶつかってきたら、たまったもんじゃないね。

太田――天候は濃霧だったと言われてるんだけど、非はあきらかに紀州藩側にあってね。まず、ふつうに1回衝突して、そのあとさらに明光丸が後退と前進をしたもんだから、もう1回ぶつかって大破《たいは》。

田中――避《よ》けるために動いたってことなんじゃないの？

太田――船同士がすれ違う際は、一般的に左側に避けなきゃいけないんだけど、明光丸はそれをやらずにいきなり突っ込んできたらしいんだよ。それでも、船ってのは沈没するまでに多少の時間がかかるから、幸いなことに死者は出なかった。

田中――だけど、それがなんで国際法と関係あるわけ?

太田――積んであった食料や武器は全滅だし、船そのものだって借りていたわけだから海援隊は丸損じゃん。そこで、海援隊は紀州藩側に賠償金《ばいしょうきん》を求めたんだよ。

田中――ま、今の常識で考えればそうだよね。

太田――ただ、幕藩体制の当時は、賠償金という概念《がいねん》がなかったんじゃないかな。しかも相手は御三家[*11]と呼ばれる大きな藩だから、ふつうなら泣き寝入りする状況だったはずなのに、龍馬は違った。『万国公法《ばんこくこうほう》』という1冊の本を根拠にして紀州藩と交渉したんだよ。

田中――読んで字のごとく、すべての国に通じる法律ってことね。

太田――いわば今の国際法にあたるものだね。藩同士のもめごとも、権力や藩の力で解決しちゃう時代に「他の国はこういう法律に基《もと》づいています」「これがグローバルスタンダードです」というように、だれもが納得する法律を持ち出した龍馬はやっぱりすごいよ。

田中――新しもの好きっていうのもあるんだろうけど、まさに先見の明だよな。

太田――『万国公法』のもとはアメリカの法学者がまとめた国際法なんだけど、清《しん》(中国)

で翻訳されて出版されたものが日本に入ってくるようになったのが、ちょうどその頃なのかな。

田中――じゃあ、日本語に翻訳されたばっかりってことだ。

太田――そうだね。人権、国権、法律、海上航海、商議、交戦にいたる幅広い法律が書いてある。当時の日本の知識人たちも存在は知っていたし、読んでたはずなんだけど、それをいち早く実践する点がすごいよね。

田中――日本で初めてグローバルスタンダードを用いたってことになるね。

太田――世界的にも2番目だって。

田中――ウソをつけ！　だったら、ぜんぜんスタンダードになってねえだろ！

太田――紀州藩といういわば大企業を相手に、ちっぽけな会社である海援隊がきちんと交渉して賠償金を得た事実はでかいよ。

田中――ま、そうだよな。裁判でいう〝判例〟になったわけだからね。

太田――実兄の坂本権平宛の手紙に[*12]「この龍馬の船の論は、日本の海路定則《かいろそくてい》を定めたものだと人が言っているらしいです。お笑いください」みたいなことを書いているんだけど、まさにそういうことだよな。

田中――逆に言うと、それまでの船や海のトラブルは、きちんと解決されてなかったってことになるね。

太田――だから、この先、俺も、なんかでトラブったときは『万国公法』を解決の手段として使おうと思ってるんだよ。

田中――グローバルスタンダードを持ち出すほどのトラブルが、お前に起こるわけねえだろ！

主張する日本

太田――「いろは丸事件」で、龍馬は『万国公法』をもとに巧《たく》みな交渉力を発揮して紀州藩に賠償金[*13]を支払わせたんだけど、御三家相手にケンカを売る度胸《どきょう》がすごいよな。

田中――〝転んでもただでは起きない〟どころの騒ぎじゃないよね。

太田――紀州藩側が非を認めていたとはいえ、なかなかできることじゃないよ。へたすりゃ、城の中まで平気でぐいぐい入ってってたんじゃないか。玄関とこに「金払え！」って紙を貼るぐらいの。

田中――理路整然と交渉したんじゃねえのかよ！　ヤミ金みたいな真似するかよ！

太田――長崎の花街で「船を沈めたその償《つぐな》いにカネをとる～」みたいな戯《ざ》れ歌を流行《はや》らせて世論の後押しをさせたっていう説もあるぐらいだからね。

田中――ま、それは、ある意味ウラ技だよな。

太田――でも、そうやって、大藩相手にも臆《おく》することなく、きちんと自分の意見を言って賠償金を取ったということは、日本という国を進歩させたんだと思うよ。

田中――まあな。

太田――明治維新よりも前、１００年以上も昔の日本に、こういう肝《きも》のすわった交渉をする男がいたのに、なんで日本はこんなになっちゃったんだろう。

田中――今の日本って、弱腰外交に代表される「主張できない」「主張しない」国民性だもんな。

太田――もし龍馬が暗殺されずにあと10年20年生きてたら、国民性だけじゃなくて明治政府そのものが変わってたね。さらに、昭和を経て、現代の日本の状況も変わっていたんじゃないかな。龍馬を手本に「きちんと権利を主張して、言うべきときは言う」っていう感覚が日本人にも根づいていたと思う。

田中――外交上手な国になってた可能性があるってことね。

太田――日本っていう国のポジションは、世界の大国、主要国であるのは事実じゃん。地球単位で考えたら、もっときっちり意見を言わなきゃダメだと思うよ。われわれは同じ地球船宇宙丸、そして、地球船おじゃる丸号の乗組員なんだから。

田中――わけのわかんねえたとえはやめろよ！

太田――ロシアで頻発《ひんぱつ》してるテロにしたって、あきらかにロシア政府のエゴが発端でしょ。チェチェンとは人種も宗教も違うのに、資源の問題もあって統治したいっていう。

田中――詳しいことはわからないけど……。

太田――日本政府は、そこを指摘してはっきり言うべきだと思うもん。いや、言うべきじゃなくて言う義務があるぐらいだね。

田中――それは内政干渉《ないせいかんしょう》になっちゃうんじゃねえか。

太田――そこまでいかなくていいんだよ。「ああしろ、こうしろ」じゃなくって、あくまで意見を言うってこと。世界の一員として、「プーチンさん、よくないよ」って。

田中――龍馬だったら、きちんと主張して話し合っただろうからね。

太田――そうだね、意思表示をすることは悪いことじゃないし、しなきゃいけないんだからさ。「私たちの国の意見はこうです」って言えないままに、国連の常任理事国入りを目指したって意味ないじゃん。
田中――理事国になれば国連決議の拒否権がもらえるわけだろ。
太田――今まで意見も言えなかった国、意思表示すらままならなかった国が、拒否権もらったって、何を拒否するっていうんだよ。
田中――ま、そうだよな。全部「ええ、それいいっすね。それでいきましょう」ってなっちゃいそうだな。
太田――もし龍馬が、今の日本の総理大臣だったら……と考えるのは面白いよね。
田中――ああ、それいいかもね。
太田――とりあえず、郵政の民営化と年金問題で悩んじゃったりして。
田中――そこをリアルに想像しなくたっていいだろ！
太田――サミットでもG7でも、がんがん意見を言ってね。
田中――痛快だろうな。
太田――「遺憾《いかん》の意を表す」みたいなまどろっこしいことしないで、遺憾の〝か〟を表しちゃったりして。

田中――そういう意味じゃねえだろ！
太田――じゃ、遺憾の〝ん〟？
田中――うるさい！　もういい！

本当の学問って何？

太田――龍馬は、いわゆる学問をしっかり学んだという人間ではないんだよね。土佐藩では楠山庄助塾《くすやましょうすけじゅく》というのに通ってはいたけど、同級生とケンカして辞めちゃったりしてるからね。
田中――でも、その後は剣術修行をしたり、勝海舟の門下生になったりして、いろんなことを吸収してるんだろ。
太田――そうなんだよ。龍馬の場合、学問は生活を通して学んだ感じかな。
田中――いわゆる社会勉強だね。
太田――そもそも学問っていうのは、「生き方の術を身につけること」「生きていくための知識」だと、俺は思ってるんだよ。

田中——言いたいことはわかるよ。

太田——原始時代の学問は、まさに「獲物の捕り方を伝えること」だったわけでしょ。

田中——食べるものを捕ることは、まさに生きていくためのことだからね。

太田——それが、いつの頃からか切り離されちゃってさ、今の時代、教科書が教科書でしかなくなっちゃってるような気がするんだよね。なんていうんですか、教えるためだけの学問、教わるためだけの学問。

田中——はいはいはいはい。スポーツ選手とかがよく言う「練習のための練習をするな」に通ずる話ね。

太田——そうそう、いわゆる「試合のための試合」だね。

田中——それはそれでいいじゃねえかよ！

太田——その点、龍馬は学問をわかっていたというか、ちゃんと使いこなせていたんだよね。

田中——龍馬の場合は、生きるための知識であり、自分を活かすための知識でもあるよね。

太田——すごくストレートに吸収していったはずだよ。操船術とか、民主主義とかそれこそ国際法を、幕末を生き抜くためのサバイバル方法として学んだんだよ。身につけた学問をすぐに実践したり、応用したり。

田中——それでいうと、今の教育制度が根本的に間違っちゃってるってことになるのかな。

太田——そうだね。だから、もし龍馬が今の日本の文部科学大臣だったらよかったのにと、思うね。

田中——ちょっと待て！　お前、さっきは「もし龍馬が総理大臣だったら」って言ってたじゃねえかよ！

太田——うるせえなぁ、勉強のための勉強しかしてないお前に言われたかねえよ。受験するためだけの学問、偏差値重視のゆがんだ教育の申し子のくせによ。

田中——べつに俺はそこまで受験勉強を頑張ってないってば。

太田——「俺は駿台予備校の午前部に入れた」って、昔、自慢してたよな。入学試験があって、いくら偏差値が高かろうが、予備校なのにさ。それでお前は日芸だろ。意味わかんねえよ。

田中——ま、確かにそういうことも言ったけど……。

太田――吉田松陰[*14]の松下《しょうか》村塾《そんじゅく》[*15]では、塾生全員が先生を尊敬してたんだよ。生き方を教える側の先生だって、塾生が学ぶに足るだけの生き方をしてたんだよ。

田中――だから、なんだって言うんだよ！

太田――お前は俺の生き方をよーく見て学べってことだよ。俺を師と仰《あお》ぎ、俺から真の学問を吸収しろよ。

田中――絶対、学ばねえよ！

て・ん・せ・い

太田――龍馬の生き方を考えると、はたして「学問は本当にいいことなのか」って感じるんだよ。

田中――たしかに龍馬はちゃんと学校に通って学んだわけじゃないだろうけど、学問なり教育が悪いはずないじゃん。

太田――ここ最近、よく考えるんだけど、人間は教育じゃないような気もしてるんだよ。

田中――それは、才能とか持って生まれたものが大事ってこと？　血筋だ遺伝子だって話になると差別や偏見につながるぜ。

太田――そうじゃなくてね。なんて言えばいいんだろう。教育では変えられないものもあるってことかな。

田中――なんだよ、それ。

太田――教えられないこともあるんじゃないかってことね。この前、テレビの企画で、赤ちゃんにいろんなものを食べさすっていうのをやったじゃん。

田中――赤ちゃんていうか、離乳食を終えてふつうのものが食べられるぐらいの子どもね。

太田――梅干しとか、いかの塩辛とかを食べさせたんだけど、塩辛をいたく気に入っちゃってね。バクバク食べてた。

田中――どっちにしても小さい子どもに食べさすものじゃないけどな。

太田――そしたら、その子は自分が食べて美味しかったからなのか、大事にしているぬいぐるみにも塩辛を与えようとしたんだよ。これってすごくないか?

田中――俺もVTRを見て、すごいなぁって思った。ぬいぐるみを生き物と思ってるあたりは子どもらしいんだけどさ。

太田――ふつう、そんなにおいしいものなら独り占めしようと思うじゃん。俺なら絶対ひとりで食っちゃうもん。
田中――そうだね、あの子は特別なのかもな。優しいというか、普遍的《ふへんてき》な愛を持ってるというかさ。
太田――そうなんだよ。子どもなんだから、打算的に考えたり、だれかに教わってやった行動とは思えない。
田中――本能というか、なんというか……。
太田――俺は「これが天性なんだ」って確信したね。つまり、人間は教育じゃないんだよ。
田中――天性はわかるけど、教育じゃないってのは言い過ぎだろ。性格とかは、育った環境にも影響されるだろうし……。
太田――じゃあ、なんで、あの子どもはそういう行動をしたの？　生まれてから何年も経《た》ってないわけじゃん。
田中――そうなんだけどさ、天性がすべてじゃないだろ。
太田――俺が幼稚園の頃かな。近所の公園にウルトラマンのソフトビニール人形が落ちてたんだよ。

田中――当時、流行ってたヤツね。俺はウルトラマンも怪獣も何十種類も持ってたぜ。

太田――何言ってんだよ、うちは裕福だったから、持ってた種類はお前の比じゃないね。

田中――そういう細かい話はどうでもいいだろ！

太田――ヘタすりゃ、本人よりたくさん持ってたんじゃないかな。

田中――え、本人って？

太田――ウルトラマン。

田中――なんで、ウルトラマンが自分の人形持ってなきゃならねえんだよ！

太田――公園に落ちていたのは、そんな俺でも持っていなかった怪獣の人形だったんだよ。

田中――でも、だれかが忘れてったものなんだろ。

太田――そうだけど、すげえ欲しくなってさ、拾って持ち帰りたくなったんだよ。

田中――落ちてるヤツなんだから、いいじゃん、もらっちゃえば。

太田――ところが、そうはいかなくてね。俺より先に近所の年下の男の子が、それを見つけてたから、拾えなかった。

田中——いったい何が言いたいんだよ。思い出話なのかよ。

太田——その俺よりひとつふたつ年下の近所の男の子は、先に怪獣を見つけたにもかかわらず、拾うのをためらってるんだよ。一緒に来ていたお母さんが「いいからもらっちゃいなさいよ」って言うまで、落とした子どもが取りに来ないかと思って待ってた。

田中——……それが正しいよね。珍しい怪獣なんだから忘れてった子どもにとっても貴重だし。

太田——これも教育じゃないよね。幼稚園児の俺より年下なんだから、その子は3歳ぐらいじゃん。まさに天性の優しさだよ。俺だったら、すぐに拾ったし、その子に対しては「いいなぁ、拾えて」とか「拾わずに、帰れ」とさえ思ったからね。

田中——いや、話を聞いたときに、俺も「拾えばいいじゃん」って思った。

太田——そのとき、俺は自分を恥じたんだよ。すかさずパクったであろう自分は、どれだけ品性のない人間なんだって。

田中——そういう風に気づいたお前も偉いっちゃ偉いけどな。

太田——電車のホームで線路に落ちた人を、自分の命を投げ出してでも救った人だっているわけだろ。

田中――すごく素晴らしいことだよな。無償の愛というか。

太田――動物の行動を見て感動するときもあるじゃん。シマウマの親が、子どもを守るために身を投げ出すとか。サルが反省したりとか。

田中――サルの反省は芸だろ！

太田――たとえば、学校の道徳の授業って、なぜこうしたらいけないか、なぜこうすべきかってはっきり教えてないと思うもん。

田中――「モノを盗んじゃいけません」「ウソをついてはいけません」というのは、そうすると、親や先生に怒られるのがいやだからってのが最大の理由だった気がする。

太田――何が言いたいかというと、龍馬はこういう天性のタイプかなってことなんだよ。

田中――実際に教育を受けていないわけだからね。

太田――そう。龍馬は、生まれながらに持っていたもので幕末を駆《か》け抜けた。それは100パーセントピュアで、純粋で、欲のない生き方だった。

田中――あのさ、カッコよくまとめてるみたいだけど、まったく欲がなかったら人間は生きられないっていうのも真実だぜ。

太田――どういうことだよ。

田中――取りようによっちゃ、塩辛の子どものケースだって「自分とその仲間でおいしいものを独占したい」っていう欲だとも言えるし、怪獣の子どものケースだってさ、黙って持ってっちゃうとお母さんに怒られるからっていう理由かもしれないし。

太田――じゃ、自分の身を挺《てい》してまで人を助けたっていう事実はどうなるんだよ。

田中――もちろん、その人が素晴らしいんだとは思うけどね。ただ、「助けを求めてる人を助けなさい」っていうのは教わることでもあるし、はっきりとは言えないけど「そう思われたいから行動した」っていう可能性もあるじゃん。

太田――じゃ、わが子を助ける動物はどうなるんだよ。教育か？

田中――動物の場合はたしかに天性とか本能なんだけど、ドライに考えれば自分の子孫、つまりはＤＮＡを残したいっていう欲求だろ。

太田――あ〜あ、そこまで言われると、身もふたもないね。ほんっとお前は愛のないヤツだね。

田中――ほっとけよ！

＊6――主を持たない武士。身分の上では、武士のままなので二本差し（大小の刀を差すこと）が認

められた。
＊7―8つの項目からなる新しい国家の方針。①大政奉還、②帝国議会、③官制改革・内閣制、④不平等条約改正、⑤帝国憲法の制定、⑥帝国海軍、⑦近衛師団、⑧通貨政策。
＊8―いろは丸事件の交渉を有利に運ぶ目的で、事件を世間に知らしめる意味があったとされる。確認できる範囲で14通もある。
＊9―現在の愛媛県。
＊10―現在の和歌山県。
＊11―尾張藩（現在の愛知県）、紀州藩（同、和歌山県）、水戸藩（同、茨城県）の3つの徳川家のこと。諸大名の上位。水戸をのぞき将軍継承権があった。
＊12―1867年（慶応3年）6月24日付の手紙に追記として書かれている。
＊13―再交渉の結果、値切られたが7万両（現在の価格にして約70億円）が支払われた。ただし、龍馬暗殺後のため本人は受け取っていない。いろは丸の船主である大洲藩に6割強が返還された。
＊14―長州の思想家。安政の大獄で処刑。
＊15―漢学、洋学にとどまらず様々な学問を討論形式で伝えた私塾。実質1年ほどの期間だが、塾生の身分は問わず、長所をのばす独特な教育法で多数の人材を輩出した。主な塾生に、久坂玄瑞、高杉晋作、伊藤博文、山県有朋などがいる。

幕末用誤辞典

【いろは丸】いろはまる
　発足直後の土佐海援隊が大洲藩に借り受けた蒸気船の名前。紀州藩の船と事故を起こし、沈没。つぎに用意した船は、「にほへ丸」だが、こちらも事故で沈没したため、続いて「とちり丸」を手に入れるが、これもダメ。さらには「ぬるを丸」やら「わかよ丸」を……。

【海援隊】かいえんたい
　武田鉄矢、中牟田俊男、千葉和臣の三人。

【船中八策】せんちゅうはっさく
　船の中で柑橘類を食べること。龍馬が考え、土佐藩主・山内容堂を通じて、幕府側に伝えられた。大政ポンカン（まつりごとの最中に柑橘類を食べること）の原案となったとされる。ビタミンCは体によいとされている。

【御三家】ごさんけ

江戸時代において、次期将軍職を継承する権利がある、尾張の徳川家(尾州家)、紀伊の徳川家(紀州家)、潮来笠の橋幸夫(1960年デビュー)の総称。

【万国公法】ばんこくこうほう

アメリカの法学者ホイートンが記した『国際法原理』を翻訳した書物。多岐にわたる国際法。タイの首都で読む場合、万国公法・イン・バンコック。

【陸奥宗光】むつ・むねみつ

紀州藩出身。海援隊を経て、維新後も政府に残る。のち、青森県の農林試験場勤務。ゴールデンデリシャスと印度りんごを掛け合わせ、酸味がやや強く、大型のりんご「む

つ開発に成功。身

郎とは親友。

【色】はなまち
料理屋、芸者屋、遊女屋などが る場所。色町。幕末の志士たち、なかで
藩のお金を使える人物たちは、こ を好んだらしい。現代の東京で言うな
っ、新宿歌舞伎町、渋谷円山町か。石原 の東京浄化作戦により、店舗型風俗は
減少、デリバリー式ヘルスが増えている。

【大洲藩】おおずはん
伊予（現在の愛媛県）にあった小藩。 かんが獲れ ことから「ポンジュース」、
先生が獲れることから「坊ちゃん」などが特産。

つ」の開発に成功。鳥取出身の長十郎とは親友。

【花街】はなまち

料理屋、芸者屋、遊女屋などが密集している場所。色町。幕末の志士たち、なかでも藩のお金を使える人物たちは、こういう場所を好んだらしい。現代の東京で言うなら、新宿歌舞伎町、渋谷円山町か。石原都知事の東京浄化作戦により、店舗型風俗は減少、デリバリー式ヘルスが増えている。

【大洲藩】おおずはん

伊予（現在の愛媛県）にあった小藩。みかんが穫れることから「ポンジュース」、先生が獲れることから「坊ちゃん」などが特産品。

第四章

温和な役人
最後の友・佐《さ》々《さ》木《き》三《さん》四《し》郎《ろう》高《たか》行《ゆき》への手紙

画・太田光

佐々木《ささき》三四郎《さんしろう》高行《たかゆき》

１８３０年（天保元年）生まれ。土佐藩（現在の高知県）出身。土佐人の気質は、おおむね頑固で信念を貫き通す「いごっそう」という言葉で表されるが、佐々木三四郎高行は、穏和な性格で、藩内の調停役を果たすことも多かったという。

藩の役人だが、龍馬とは気が合ったらしく、龍馬が暗殺された１８６７年（慶応３年）には、ほとんど毎日のように会っている時期もあった。現存する手紙は、佐々木を酒宴に誘う手紙など12通。

佐々木は、のちにその頃のことを回想して、「才谷（龍馬）と自分とのあいだには、ずいぶん面白いことが多く、今思えば実に抱腹することもあった」と懐かしんでいる。

酒席で大いに盛り上がってる様を戦にたとえた手紙。

佐々木三四郎高行宛[*1]

慶応三年（一八六七年）九月初旬

唯今、長府の尼将軍[*2]、監軍・熊野直助およびふたりが、女性をお供に押しきたって、わが右軍と戦おうとしている。鏑矢《かぶらや》の音もおびただしく、すでに二階の手すりに押しかかった。別に戦いを期した女軍はまだ来ない。思うに、これは、わしが油断するのを待って、虚をつこうとの謀《はかりごと》だろうか。

まず、わが方の先手を打つため、ここから使いを送って味方を呼び寄せ、自ら将となって兵に襲わせ、わしを虜《とりこ》にするつもりでやって来るのではないかとも思われる。将軍、勇あり、義あるなら、早く来て一戦を志し、ともに「こころよき」を致そうぜ。まずはご報告まで。謹言

唯今　龍

佐々木将軍　陣下　楳拝首

＊1——土佐藩士。上級武士で大目付、大監察など藩の重役に就いた。龍馬とは互いにそりがあったらしく酒を酌み交わすなどの親交があった。幕末期は土佐藩の長崎における責任者。

＊2——長府藩（現在の山口県下関市あたり）の女好きナンバー1といった意か。「長府藩のふたりに女を取られそうだ、お前も来ないか」という誘いの手紙を使いの者に手渡したのだろう。あまりこういう遊びをしなかったとされる龍馬だが、まったくなかったわけではない。

爆笑問題の脱藩時代

太田――龍馬の育った坂本家は、土佐で屈指の豪商である才谷屋《さいたに》*3なんだよね。4代前に郷士株を買って侍になったという家柄だから、とにかくお金があった。(※注釈は141ページ)

田中――龍馬は手紙に「才谷屋」とか「才谷梅太郎」とかの署名をしてるんだけど、それは実家の屋号だったってことね。

太田――家がお金持ちだったからこそ、龍馬はお金に対して無頓着《むとんちゃく》でね。「お金が足りない」みたいな手紙もあちこちに書いてるし。

田中――そういうところは非常に大らかだった気はするね。

太田――だから、海援隊を作ったあとや「いろは丸事件」のときは、金銭感覚に優れた岩《いわ》崎《さき》弥《や》太郎《たろう》が活躍したんだよ。

田中――なくてはならない存在だったのかもな。のちの三菱財閥《みつびしざいばつ》を作るような男なんだからさ。

太田――それでいうと、太田さんの脱藩時代も相当なものだったんですってね。

田中――他人ごとのように言うなよ！　客観的に見て明らかに食えなかった時代だろ！
太田――収入がまったくなかった時期が1年ぐらいはあったのかな。
田中――税金を払うために借金したりね。それでも、俺は実家に住んでたし、コンビニでバイトしてたから食うに困るってことはなかったけどさ。
太田――そうなんだってね。
田中――だから、お前自身のことだろ！　お前は、すでに結婚してたんだから、もっとキツかったんじゃねえのかよ！
太田――かかってくる電話は、仕事の依頼じゃなくて家賃の催促だけでした。そういうときは布団かぶって寝ちゃうか、電話に布団をかぶせてました。
田中――出るだけ出りゃいいじゃねえかよ。事情を説明して「もうちょっとだけ待ってください」みたいな。
太田――そうなんだけど、電話に出るのめんどくさいから。しかも、布団を掛けてんのに電話の野郎はなかなか寝つかないんだよ。
田中――当たり前だ！
太田――カミさんがパチンコやパチスロでそこそこ稼いだり、袋貼りの内職もやったんだけど、いつもお金はなかったね。なんでだろう。

田中――お前がバイトもせずに1日中寝てたり、スーファミでゲームばかりしてたからだろ！

太田――初期の『ファイナルファンタジー』は、ほんとに面白かったんだよね。

田中――そういうことじゃねえよ！

太田――ほら、俺って、おなかが減ってるのは我慢できるタイプだから。食うものないなら食わなきゃいいって感じで。

田中――3日4日ならまだしも、食わなきゃ死んじゃうだろ！

太田――どこかに行こうにも、電車賃もないしさ。お金がないと、夫婦ゲンカも増えるじゃん。「あんた、今月の家賃どうすんの」みたいな。だから、本当に困ったときに一度だけ父親にお金を借りたんだよね。

田中――その話は詳しく聞いたことないな。

太田――だって、すんげえ嫌だったもん。でも、ほかに借りるあてがないしさ。当時、親父は南青山で設計事務所をやってたから、電車賃を工面《くめん》して近所の喫茶店まで行ったんだよ。

田中――いくら借りたの？
太田――当面は暮らせる額ってことで50万円かな。「腹は減ってるのか」「メシでも行くか」みたいな話だけして。お互い無口なまま、そばをすすってね。なんか情けなかったよ。
田中――美談《びだん》ではないけど、ま、悪いエピソードでもないぜ。
太田――そんなことねえよ。俺なんかめんどくさいから「金だけ渡してくれ」「親なんだから、すぐ出せよ。俺の可能性に賭けろよ」って思ったもん。
田中――なんにも聞かないで貸してくれた親父の気持もわかってやれ！
太田――子どもの頃から親父と会話なんかほとんどしなかったから、今、考えると、そのときはわりと話したほうかもな。ただ、それでいうと、俺の実家も龍馬と一緒で金はあったからさ。
田中――当然、50万円で向こうが苦しくなる状況でもないってことね。
太田――カミさんにしても、当時ケンカもしたけど、事情があってこういう状況になってるのがわかってたから。「ウケないから仕事がない」とか「才能がないからこうなった」とは思ってなかったみたいでね。

田中――まあな。

太田――目先のお金には苦労してたし、「お金を都合《つごう》してきて」みたいなことも言ってたけど、「もう、あきらめろ」とは絶対に言わなかった。

田中――結局、きちんきちんとお金が入ってくるようになるまで4年ぐらいかかったからな。

太田――そのあいだも、カミさんは変わらずに俺のことを信じてくれてたわけだからね。親父に借りたお金の話より、むしろこっちのほうが美談だよ。うん、愛とは信じることなんですね。

田中――自分で言う話じゃねえだろ！

太田――ていうか、じゃ、俺たち夫婦は、4年を50万円で乗り切ったってこと？　1年が12万5千円ってことは月1万円!?

田中――多少は収入があったんじゃねえのかよ！

太田――すっげぇよな、俺。

田中――うるせえよ！

組織の使い方

太田──龍馬は土佐藩を二度脱藩してるんだけど、面白いことに二度とも藩に戻ってるんだよね。

田中──幕府の支配力が落ちているとはいえ、脱藩するということは当時では考えられない話なんだろ。

太田──当時は藩っていう単位が絶対的な存在だからね。藩が違えば、それは今でいう外国に近いイメージだぜ。

田中──脱藩は国外追放なり亡命にあたるのかな。

太田──そうだね。しかも自分から抜けるだけじゃなくて、そこにまた戻ってるんだもん。いわば「拾った財布をまた落とす」みたいなことだぜ。

田中──たとえが微妙に間違ってるよ!

太田──「デリヘル嬢を呼んどいて、家を空ける」みたいなことでもある。

田中──それも間違ってるよ! 呼ぶ意味がわかんねえだろ!

太田――ま、龍馬が藩に戻ったのは、土佐藩としても龍馬としても、互いの力を必要としたからなんだけどね。

田中――それだけの人物になったってことだね。

太田――詳しく説明すると、勝海舟の尽力《じんりょく》で一度、脱藩罪を許されたのに、またすぐ脱藩してるんだよ。で、土佐海援隊を作ったときにまた許されてっていう。

田中――なんだか出たり入ったり忙しいな。

太田――そのへんは、龍馬としても計算があったんじゃないか。幕藩体制がゆるんでいるとはいえ、個人で何かしようとしてもそうそう動けるもんじゃないからさ。理想は「個」なんだけど、現状としては、やっぱり組織だし、藩なんだって。

田中――ひとりで何かをやろうとしても限界があるから。

太田――坂本家が土佐藩の中で、もっと身分が上だったら最初から組織の中心として藩そのものを動かせたんだろうけどね。

田中――坂本家は商家あがりの郷士だから、藩をどうこうできる立場ではない。

太田――山と海に囲まれた土佐藩は、藩の中だけがすべてっていう感覚もあってね。上級武士（上士）と下級武士（下士）の区別も身分制度の締めつけも相当、厳しかったらしい。龍馬が最初に脱藩したときには「[*4]土佐で学んでも、それは土佐一国だけの論」みたいなことを手紙に書いてるからね。

田中——いわゆる「いごっそう」と呼ばれる土佐の気質も影響してるんだろ。頑固者《がんこもの》っていう。

太田——まあね。[*5]土佐勤王《きんのう》党という過激な尊王攘夷《そんのうじょうい》派は、厳しい身分制度と土佐の気質から生まれたものだし。

田中——土佐勤王党には龍馬も参加してたんだろ。

太田——盟主《めいしゅ》である武市半平太《たけちはんぺいた》とは幼なじみだから。ただ、龍馬は勤王党からも脱退しちゃう。

田中——のちに武市は土佐藩の藩主側と真っ向から対立して、開国佐幕《かいこくさばく》派の[*6]吉田東洋《よしだとうよう》の暗殺にまで至るんだけど、それに龍馬が反対したことが勤王党脱退の原因なんだよな。

太田——武市が考えていたのは土佐だけで、龍馬はその上の日本という国まで考えていたんだと思う。

田中——なるほど。

太田——ただね、国の形っていうのはいろいろあってさ。幕末や中世のヨーロッパは、いわゆる封建制度じゃん。

田中――領地を分け与えられて、そこを支配する形式ね。

太田――龍馬は漠然とだろうけど、「それは違う」って思ってたんじゃないかな。国家っていうのは、ものすごくあいまいだから、イメージでしか行動してなかったんだろうけどさ。

田中――民主主義というものがあることは、勝海舟あたりから聞いてたけど、現実には見てないわけだからね。逆に言えば、想像で行動するしかない。

太田――龍馬が最初にイメージした国の形は、社会主義か、へたすりゃ独裁政治に近いものかもしれないよ。

田中――そこまで行くと、民主主義とはかけ離れ過ぎちゃうんじゃねえか。

太田――龍馬は「個」というものを強く意識してたんだぜ。封建制度の幕府対藩って、組織対組織のつながりじゃん。これがいやで脱藩してるわけだからね。社会主義なら、すべての国民は平等なんだから。

田中――ただ、それだと「個」は埋没《まいぼつ》しちゃう。

太田――そう。だから、独裁政治なのかもって思う。ひとりの元首《げんしゅ》対国民という関係は

「個」対「個」になるからね。

田中――まあな。理屈の上ではそうなる。

太田――龍馬が土佐藩を抜けた[*7]のは、組織としてのしがらみが窮屈《きゅうくつ》だったからっていうのが理由だろ。あくまで「個」の坂本龍馬として何かをやりたかったんだからね。

田中――だから、藩という組織を抜けたり、戻ったりした。

太田――なんで龍馬がそういう考えに至ったかっていうと、前にも言ったけど、坂本家はお金はあったんだよ。お金があるから日々の生活の心配はいらない。

田中――必然的に、精神的にも豊かになるってことね。

太田――俺たちも最初に入った事務所を辞めたわけだけど、芸能事務所とかプロダクションって、芸能界という封建制度における藩っていうことだろ。今なら、そういう仕組みとかシステムはわかるけど、当時24歳ぐらいで若かったからさ。今から考えると、なんて怖いもの知らずなんだろうとも思う。

田中――なんとかなるって感じだったかなぁ。

太田――いや、それさえ思ってなかったね。不安があるけど、どうにかなるってことじゃなくて、当たり前のように「個」で動けると思ってた。

田中――ま、ほんと若かったんだろうね。
太田――ていうか、もう、そっちのほうが面白そうと思ったからそっちに行ったたってのが正解かな。お前の場合は、なにも考えていなかったってのが正解だろうけどな。
田中――たしかに、俺はそうだったかもな。
太田――お前は、いっつもそうだよな。深く考えずに行動するからさ。俺は「個」で動くつもりで脱藩したのに、気づいたらお前もついてきちゃうし。
田中――ちょっと待て。「個」っていうのは爆笑問題としての「個」だったんじゃねえのか！
太田――いや、個人の「個」です。しかも、太田光というよりは、山岡良夫としての「個」。
田中――誰なんだ、そいつは！
太田――さぁ、誰だろう。会ったことないからわからない。
田中――見ず知らずの他人の「個」で、動くもなにもねえだろ！

後藤ちゃんと友達

太田——幕末の土佐藩といえば、重要な人物は後藤象二郎《ごとうしょうじろう》なんだよね。土佐藩主・山内《やまのうち》容堂《ようどう》が吉田東洋を参政《さんせい》として抜擢《ばってき》したんだけど、その流れで後藤象二郎も認められた。いわばエリートだよね。

田中——でも、あれだろ。土佐勤王党と対立して断罪したのも後藤象二郎なんだろ。

太田——そうそう。龍馬の親友の武市半平太を切腹させたのが、この後藤ちゃんね。

田中——切腹は重い話だろう！　軽々しく〝ちゃん〟づけしてどうすんだよ！

太田——武市と龍馬って、最終的な考え方に相違があったんだよ。結局、武市は吉田東洋を暗殺するようなテロリストになっちゃったんだし。

田中——いわば敵の関係であるはずの後藤と龍馬が手を組んだっていうのが、ポイントね。どちらも、すごいっちゃあ、すごい男だね。

太田——ただ、龍馬の実姉の坂本乙女なんかは「後藤のような男にだまされやがって」[*8]みたいに怒ってたらしい。

田中――ま、そりゃそうだよな。仲間を殺したヤツでもあるし、土佐藩の中では勤王党も人気あったわけだろ。

太田――ただね、目上の者には従うみたいな儒教的道徳観を排除したり、封建的な考えを否定できたという意味では、後藤はすごく優秀な人物だっていうイメージがあるよ。幕末だからこそ体制側にもそういう人物が現れたんだろうけどさ。

田中――維新後は、同じ土佐藩出身の板垣退助《いたがきたいすけ》と政府を辞めてまで「自由民権運動」という反政府運動を起こしたわけだからね。

太田――具体的に言うと、龍馬としては3つのメリットがあるんだよ。「経営の苦しかった亀山社中を立て直すことができる」「二度目の脱藩罪が許され、土佐藩の後ろ盾《だて》ができる」「後藤ちゃんをごっちゃんと呼ぶことができる」。

田中――最後のはどう考えてもメリットじゃねえだろ！

太田――ま、後藤にとっても「亀山社中の海運技術を手に入れることができる」「龍馬を通して、当時の中心である薩長と深いつながりができる」っていう思惑《おもわく》もあったからね。

田中――すでに、薩長同盟から1年が経過してる時期だからね。

太田――龍馬も乙女に宛てた手紙に「人の魂も志も、土佐国中で、ほかには（彼以上の人[*9]

は）あるまいと思う」とか、「社中にも金がかかる。土佐24万石として天下国家のために働くほうがいいだろう」って書いてるし。

田中――「個」で動くより「組織」ってことね。龍馬個人の亀山社中から、土佐の海援隊になった。

太田――この龍馬と後藤の関係が、のちの大政奉還《たいせいほうかん》につながるんだよ。龍馬が後藤に語った船中八策《せんちゅうはっさく》*10は、おおまかな流れとして後藤から土佐藩主・山内容堂を経て幕府側に伝わったわけだからね。

田中――なるほどね。

太田――龍馬は「土佐の中だけでこぢんまりとせず大きく動きたい」「漠然とではあるが何かをやりたい」ってことだけが先にあったんだと思う。

田中――それが結果として、こういうつながりを生んでいったってことなのかな。

太田――しかも、どんどん吸収して変化してってるんだよ。運命という言葉でしか言い表せない不思議な巡《めぐ》り合わせなんだけど、どんどん知識も増えてってさ。

田中――だんだんと天下国家のことを考えるようになり、倒幕開国になって。

太田――龍馬はもはやその先まで進んでたね。幕末の志士たちが「天下を取る」までしか考えてなかったのに、そのあとの日本で自分が何をやるかまで見えていたから。

田中――「世界の海援隊でもやりますか」っていうね。

太田――その先は「太陽系海援隊」であり「銀河系海援隊」だからね。

田中――んなわけねえだろ！　先、見えすぎだよ！

太田――武市との友情ももちろん大事だとは思ってただろうけど、政治や思想と友情のどっちを取るかってなったらね。

田中――天下国家とその先を考えて、思想を取る。

太田――いや、意外に友情を取るんじゃねえか。

田中――どっちなんだよ！

太田――それぐらい龍馬は飛べるというかさ、スケールがでかいからね。どっちがどうこうじゃないんだよ。

田中――そうなると、もう周囲の人間は「あいつは、何言ってんだよ」ってなっちゃうじゃん。

太田――そうだろうね。「なんで幕府と関係あるの」とか「攘夷じゃなかったの。え、開国論に変わったの」みたいなさ。スジが通ってないんだけど、もう自分にはやりたいことがあるからね。カッコいいよなぁ。

田中――カッコよくねえよ！　実際にいたら、迷惑だ！

土佐のカツオ伝説

太田――幕末期の土佐には、ポイントとなっている人物が何人かいるんだよね。岩崎弥太郎とかジョン万次郎《まんじろう》とかハルウララとか。

田中――ハルウララは土佐藩じゃなくて、高知競馬の所属だろ！　そもそも幕末でもねえし、人物でもねえよ！

太田――岩崎弥太郎ってのは、長崎の土佐商会を母体に三菱財閥を作った男ね。

田中――長崎土佐商会ってのは、土佐の名産品を販売する仕事がメインだったわけだろ。カツオから三菱財閥ってのもすごいよな。

太田――でも、みんなが欲しがる物を流通させる商事会社だからね。三菱につながる感じはあるじゃん。

田中――海援隊の船は「造船」につながるし、お金が入れば「銀行」にもつながるってことか。

太田――『竜馬がゆく』で岩崎弥太郎は、龍馬を苦手とする人物とか、せこい人物みたいに描かれてるんだよね。

田中――あ、そう。でも龍馬みたいに破天荒な人間は、ふつうの人から見たら「大ボラ吹き」としか思えなかったのも事実なんじゃないの？　ま、あとは対比させることで龍馬の人間性がより伝わるっていう効果もあるだろうし。

太田――岩崎は、すごく優秀な人間じゃないかと思うよ。「冷酷なる頭脳」って感じ。

田中――なかなかカッコいいキャッチコピーじゃん。

太田――だって、頭よくなきゃ作れないよね、住友財閥は。

田中――そっちは作ってねえだろ！

太田――ま、岩崎弥太郎は有名だけど、ジョン万次郎が土佐の人物だっていうのは意外って感じしない？

田中――意外かどうかは微妙だけど、ジョン万次郎はアメリカから帰ってきた人でしょ。

太田――土佐・中ノ浜の漁師・中浜万次郎。漁に出た船が土佐沖で遭難《そうなん》し漂流した。

田中――そこで奇跡的にアメリカの捕鯨船《ほげいせん》*11に助けられたんだよな。

太田——いいえ。泳いでシアトルまでたどり着きました。
田中——んなわけねえだろ！　そいつどんだけ体力あるんだよ！
太田——流れ着いた無人島で助けを待つこと3ヶ月。やっと船がやってきた。
田中——その船に助けられて、アメリカに行ったんだね。
太田——ところが、その船は泥の船で、漕《こ》げば漕ぐほど沈んでしまい……。
田中——昔話をやってる場合じゃねえんだよ！　船に救助されて、ハワイを経由してアメリカに渡ったんだろ！
太田——その後、日本に帰って居酒屋「ジョン万次郎」を始めて全国にチェーン展開。経営者として活躍したとさ。めでたし、めでたし。
田中——んなわけねえだろ！　時代が飛び過ぎてるよ！
太田——でも、このジョン万次郎っていうのも魅力的な人物なんだよ。14歳で遭難したっていうのがよかったのか、アメリカ人の船長にいたく気に入られてね。
田中——若いほうが語学の修得にも有利だからね。
太田——いや、万次郎は最初から英語がペラペラだったんだって。
田中——ウソをつけ！　土佐の漁師がどこで英語を習ってたっていうんだよ！

太田——駅前留学かな。子どもの頃から「トマト」は「トメェィトゥ」って言ってたらしいし。

田中——幕末にトマトがあったかどうかすら疑問だよ！

太田——万次郎の持っていた捕鯨に関する知識が役に立ったらしくて、船長だけじゃなく他の乗組員にも可愛がられた。

田中——船長の養子になったんだってね。だから、現地の学校にも通って英語を話せるようになったし、アメリカ人として生活もできた。

太田——アメリカ人のあいだでも人気があったっていうからね。

田中——東洋人というか日本人が珍しかったってのもあるんじゃないかな。

太田——歩くたびに周囲が「おおーっ！」って、どよめいたらしい。

田中——そこまで、スーパースターじゃねえだろ！

太田——でもさ、冷静に考えたらすごいよな。黒船が来る前の時期にアメリカに渡ってるんだぜ。外国人の存在は知ってたとしても、土佐の漁師が見たことなんかなかったわけじゃん。宇宙人に捕まって遠い星に連れてかれるのと一緒だぜ。

田中——感覚としてはそんなもんかな。

太田——そのうえ、「ジョン」も「万次郎」も両方ファーストネームなんだぜ、すっげえよな。

田中——そこはべつに驚かなくていいんだよ！　ジョンはあくまでニックネームなんだからよ！

太田——日本に帰ってきてからは、幕府の取り調べを受けたらしいんだけど、のちにはその英語力を活かし、通訳として勝海舟とともに、咸臨丸《かいりんまる》で再びアメリカに渡った。

田中——なんかまさに波瀾万丈《はらんばんじょう》っていう人生だよな。

太田——でも、龍馬はそういう生き方に憧《あこが》れを持ちそうだよね。実際、龍馬は万次郎から直接アメリカの話を聞いたとも言われてるからね。

田中——ま、そのあたりは定かではないだろうけどね。

太田——土佐には河田小龍《かわだしょうりゅう》という絵師がいて、この人は土佐藩きっての知識人でもあるんだよ。

田中——龍馬も交流があった人物だよね。

太田——この河田小龍が、帰国したジョン万次郎から聞いた話をまとめて土佐藩主・山内容堂に報告してるんだよね。だから龍馬も、河田小龍を通して、アメリカについての話を聞いてるはずなんだよ。

田中――民主主義の話とか、国民が選挙で大統領というものを選ぶみたいな話な。

太田――そう考えると、日本で最初にアメリカに渡った男が土佐出身だったっていうのは、実は相当でかいよ。土佐藩は、アメリカという国や考え方に影響を受けた国家を作ろうとしたことになるからね。

田中――船中八策のアイデアのルーツは、ジョン万次郎が持って帰ったアメリカにあるってことね。

太田――もしジョン万次郎が、ロシアの船に助けられていたら、どうなったんだろう。

田中――維新そのものが変わっている可能性もあるね。

太田――名前は、ジョン万次郎ノフになったのかな。

田中――そこにこだわってるのかよ！　しかも、ジョンはそのままだしよ！

＊3――豪商は、財力の豊かな大商人のこと。才谷屋は大地主でもあり、武士相手の金融業などもやっていたとされる。一般的に武士にお金を貸すと大抵は踏み倒されることが多いが、その分、見返りを得る場合もあるらしい。

＊4—1863年（文久3年）8月19日付、川原塚茂太郎宛。「土佐一国だけの論」は川原塚の持論で、龍馬は「その言葉が今でも耳に残っています」と書いている。
＊5—幼なじみでもある武市半平太が盟主となった尊王派集団。のち弾圧を受け後藤象二郎の命により武市は切腹。
＊6—土佐藩士。ペリー来航以来、参政として執政（藩主）に次ぐ位置で政治に関わり、中級武士の登用などの藩政改革を行った。公武合体論をとなえ、武市らと対立。土佐勤王党に暗殺される。
＊7—武市は龍馬の脱藩を聞き「あいつは土佐にあだたぬヤツ（おさまりきらない人間）じゃ」と言ったとか。
＊8—1867年（慶応3年）6月24日付、乙女とおやべ両名宛。原文では「お国の姦物役人（カンブツヤクニンと龍馬のルビつき）にだまされているとの指摘もあった」。
＊9—前ページと同じ1867年（慶応3年）6月24日付、乙女とおやべ両名宛。
＊10—75ページ参照。
＊11—19世紀のアメリカは鯨油を燃料として用いるために世界中で捕鯨を行っていた。日本に開国を迫ったのも捕鯨船の補給基地を作るという目的が大きかった。ただし、鯨肉は食べずに処分していた。

幕末用誤辞典

【才谷屋】さいたにや
土佐の豪商。坂本龍馬の実家。様々な商品を扱うが、分割払いも可能で、手数料と送料は「ジャパネットたかた」が負担する。

【下士】かし
侍のなかで低い身分の者。土佐藩においては、家老、中老、馬廻、小姓組、留守居組が上士。郷士、用人、徒士、足軽などが下士。龍馬の坂本家は郷士株を金銭で買った町人郷士。身分の低いサムライの生活をドキュメントタッチで描いたアメリカ映画に『下士９１１』がある。

【岩崎弥太郎】いわさき・やたろう
太田いわく「冷酷なる頭脳」の持ち主。のちの三菱財閥の創始者。なぜか、龍馬からの手紙は現存していない。送っていないのか、すぐに破っちゃったのか。

【脱藩】だっぱん

藩を抜けること。結果、浪人・浪士の身分になるため、その決断をするときには、だれもが頭の中にベートーベンの交響曲5番「運命」が流れるという。ダ・ダ・ダ・ダッパーン。

【ジョン万次郎】じょん・まんじろう

土佐・中ノ浜出身の漁師・中浜万次郎。漂流ののちアメリカの船に助けられて英語を学ぶ。維新後は、ジョン・マッケンローと名乗り、ウィンブルドンを3度制覇した。

【河田小龍】かわだ・しょうりょう

土佐出身の絵師であり思想家。維新後は、香港でアクション俳優となった。香港名は李小龍。英語名、ブルース・リー。

【後藤象二郎】ごとう・しょうじろう

土佐藩出身の上士。維新後は、ハロー！プロジェクトに参加。ごまっとう、後浦なつみなどのユニット名で活躍。オヤジゆえに人気はイマイチ。

【自由民権運動】じゆうみんけんうんどう

ケンミンの焼きビーフンを自由に食べるために起こした、自由ケンミン運動が転じて、自由民権運動となった。

第五章

生涯を方向づけた

師匠・勝《かつ》海《かい》舟《しゅう》への手紙

画・太田光

勝《かつ》海《かい》舟《しゅう》

１８２３年（文政６年）、江戸本所の旗本（将軍にお目見えできる幕府直属の武士）の長男として生まれる。剣術のみならず、蘭学など幅広く学問を究め、長崎の海軍伝習所で航海術などを学ぶ。

１８６０年（万延元年）には、幕府の使節の一員となり、咸臨丸艦長として渡米、見聞を広げた。

１８６２年（文久２年）、龍馬と運命的に出会い、海軍の重要性、開国開港論、世界の中の日本を意識した思想、および人脈の面で龍馬に多大な影響を与えた。著書、回想録などを多数残し、１８９９年（明治32年）、77歳で没。

龍馬が勝に宛てた手紙は推定で１通残されている。

国防論に関する意見とされるが、他の手紙との筆跡の違いなどから、龍馬から勝への進言を後世になってまとめたものか。

勝海舟宛（推定）　元治元年（一八六四年）九月十五日（推定）

龍馬　謹白

黒龍丸[*1]の船長云々の議論はあったが、その船を軍艦とし、大砲を積み、数年交替で（江戸と）神戸[*2]をも守ろうという。

軍艦といえば、江戸の外には置かないとの趣旨で、右の結論になった。九月十五日、ゆえに左の願を述べた。

（以下欠）

＊1――アメリカ製の蒸気船。福井藩から購入し幕府の御用船となった。

＊2――江戸に比べると、京都に近い大阪の沿岸の防衛は手薄だったことを指すのか。幕末時には田舎の小さな港だったとされる。

暗殺相手に弟子入り⁉

太田――自分がやるべきことを見つけた龍馬は、姉の乙女にも「国のため、天下のために力を尽くしてる」みたいな心情をつづってるんだけど、これは勝海舟《かつかいしゅう》（麟太郎《りんたろう》）に出会ったのが大きいと思うんだよね。

田中――勝海舟も相当な大物だからね。龍馬が「日本第一の人物」と評してるぐらいなんだろ。

太田――そうだね、なんてったって勝新太郎のおじいさんだからね。

田中――ボケがベタ過ぎるよ！　名前が似てるだけじゃねえか！

太田――だから若山富三郎より上になる。

田中――なんで〝だから〟なのかがわかんねえよ！

太田――龍馬と勝海舟の出会いってのがカッコよくってさ。最初は勝を暗殺[*3]しに行ったのに、そこで意気投合しちゃったっていうんだもん。借金取りがミイラになるようなもんだろ。（※注釈は169ページ）

田中――たとえ話が混ざっちゃってるし、それじゃぜんぜんカッコよくねえだろ！
太田――そのほかにもいろんな説があるから、真偽《しんぎ》のほどは定かではないんだけどね。ただ、刀を持って家に来た若いヤツらに「お前ら、俺を斬《き》りに来たか」と言って、勝はニヤリと笑ったなんていう話を聞くと、これぞ武士道精神なんて思っちゃうじゃん。
田中――殺しに来たヤツの前でも動じなかったなんて、カッコいいと思うよ。
太田――地球儀を見ながら、民主主義に近い考え方を勝が話したら、龍馬はいたく感銘を受けた。命のやりとりで来たはずなのに、そんなことはもう関係ないってなっちゃう。単純っていや単純だけど、どっちも男としての器量があるよな。この邂逅《かいこう》は日本の奇跡ともいえる。
田中――まあな。巡《めぐ》り合わせってのは面白いよな。
太田――しかも、最後は地球儀に向かって矢を投げて、刺さったところに来週行くって決めたんだから。
田中――テレビの企画じゃねえんだよ！
太田――ま、そういうきっかけで、龍馬は勝海舟の弟子になったんだけど、これって、実はものすごく微妙なんだよ。倒幕の思想を持っているのに、幕府の海軍のトップである勝の弟子になっちゃった。

田中――たしかに変な立場だよな。すでに土佐藩を脱藩してるわけだから幕藩体制の外にいたわけだろ。

太田――今の時代でいうなら、競合他社に勤めるサラリーマンが意気投合する感じかな。別の会社の部長なんだけど、自分にとっては上司みたいな関係。いわば、課長と部長の社内恋愛の肉体関係。

田中――言ってる意味がわかんねえよ！　なんで体の関係にならなきゃなんねえんだよ！

太田――そういう微妙な関係は、勝の人物としての器[*4]の大きさがあってこそなんだろうね。龍馬の「自分の海軍を作りたい」「船が欲しい」っていう思いも、実は勝の影響だったりするしさ。つまり、人間・坂本龍馬の思想の源流は勝なんだよ。専門家の間では有名な話だぜ。

田中――へぇ～、そうなんだ。

太田――源流は勝だけど、支流は若山富三郎と言われてる。

田中――また、そこに戻っちゃうのかよ！

太田――さらに川を下ると、そこには中村玉緒が……。

田中――うるせえ！　もういい！

俺の勝海舟はどこに？

太田――龍馬が師事《しじ》した勝海舟なんだけど、実は勝宛に書いた手紙っていうのは、推定での1通しか残ってないんだよ。

田中――「おそらく」龍馬が書いたってことね。状況から見てそうなんじゃないかみたいな。

太田――そう、状況証拠。だから俺は、勝海舟が犯人なんじゃないかなと思ってる。

田中――犯人は関係ないだろ！　いつ事件が起こったっていうんだよ！

太田――勝海舟は几帳面《きちょうめん》な性格で、たいていの手紙を分類して保管してたらしいんだよ。だから、この手紙が本物だったとしても、龍馬から勝へは1通だけ。しかも、署名や筆跡から判断すると、誰かの代筆だとか写しだとかの説も捨てきれないらしい。

田中――師弟の関係がどこまで深かったかはわからないけど、あって1通、下手すりゃ0通ってのは意外だね。

太田――ま、師匠といっても、あまりべたべたした関係ではなかったってことなんだろうね。

田中――相談なり議論はあっただろうけど、毎度毎度、手紙で師匠の意見を聞いたり、顔色をうかがってもしょうがないってことか。

太田――勝海舟っていう人は、考え方が非常に進んでる人物だったと思うよ。ゆくゆくは「倒幕」されるだろうし、それが日本のためだってわかっていながら、あえて幕府側にいたのもすごいしさ。

田中――明治維新後も、徳川家や旧幕臣《きゅうばくしん》たちの復権に動いてたっていうじゃん。単なる忠誠心《ちゅうせいしん》では済まされない話だよね。

太田――海軍を作るべきだと幕府に進言して、海軍操練所[*5]を神戸に作ったのは、京都、大坂の防衛も意図してのことだし、あと、これは「幕府の海軍」ではなく「日本という国の海軍」をイメージしてたんだよね。

田中――一歩先を行ってるわけだ。たしかに、それはすごい。

太田――そういう反面、勝は「行動を起こす人」ではないような気もする。たとえるなら、長州の吉田松陰と高杉晋作みたいな関係かな。ま、これは松陰が安政の大獄で処刑されちゃったっていうのもあるから、実際には高杉しか行動できないんだけどさ。

田中――でも、勝海舟は幕府の命《めい》を受けてるにせよ、咸臨丸《かいりんまる》＊6でアメリカへ渡ったり、海軍操練所を作ったりしたんだし、行動力はあるんじゃないかな。

太田――たしかにそうだけど、龍馬がいたからこその海軍操練所だったとも言えるんじゃないか。そういう場を作りたくて、誰に任《まか》そうかって考えてたときに、うってつけの人材として龍馬がいたっていう感じで。

田中――思いっきり影響を受けていた龍馬は、師と仰ぐ勝海舟の庇護《ひご》を受け、実際に行動したってことね。

太田――勝海舟がまったく行動しないわけじゃないと思うけど、革命家ではないってことかな。すべてをわかってるのにやらない。世界を知り、日本を考えることができた人なのにね。

田中――長老とかご隠居《いんきょ》ってイメージかなぁ。維新後も長生きしたし。

太田――うん、そんな感じかな。基本的には、人材を見つけて育てる人なんだけど、でも、ここぞという時には動く。龍馬の脱藩罪を土佐藩に掛けあって許させたり、西郷隆盛と掛けあって江戸城の総攻撃を止めさせたりね。

田中――いわゆる無血開城《むけつかいじょう》＊7な。

太田――ぶっちゃけ、俺は龍馬なわけじゃん。

田中――もう、そこはどうでもいいよ。お前が龍馬だろうと誰だろうとさ。

太田――俺にとっての勝海舟はどこにいるんだろうって、ある時期、あちこち探し回ったんだよ。

田中――探し回って落ちてるもんじゃねえだろ！

太田――「このへんに、勝、いませんでしたか?」みたいな。

田中――そんなこと、聞かれたほうが困るだろ！

太田――それでも見つからなかったね、俺の勝海舟は。

田中――ってことは、お前が龍馬じゃないってことになるぞ。

太田――いや、まぁ、そういう考え方もあるとは思いますが、実際そこだけなんですよ、龍馬と俺が異なる点は。

田中――ほかにもいっぱいあるよ！

太田――でも、やっぱり勝はすげえよ。まわりの連中が「藩がどうこう」言ってるなかで、世界を考えられる広い視野を持ってたんだぜ。もし、そういう人に出会えたら、俺だって目からウロコ落ちるもん。しかも、名前が「勝」だぜ。負けるわけないよ。
田中――いまさらそこに引っかかるのかよ！　子どもじゃねえんだよ！
太田――勝がいない俺って、寂しいよね。うん、俺は孤独だよね。
田中――うるせえよ！

人間の業を肯定せよ

太田――龍馬にとって師匠と呼べる人物は何人かいるんだよね。もちろん、最も影響を受けているのは勝海舟なんだけどさ。
田中――姉の乙女に宛てた手紙に「日本で一番の人物の弟子になった」と書いてるぐらいだからね。
太田――剣術では、土佐で小栗《おぐり》流の日根野弁治《ひねのべんじ》、江戸で北辰一刀流の千葉定吉《さだきち》だろ。江戸に出てからは、勝海舟も学んだという西洋砲術の佐久間象山《さくましょうざん》*9にも入門してるしね。あと、思想の面では、土佐の河田小龍《かわだしょうりゅう》*8だったり、勝だったり。
田中――そう考えると、やっぱり龍馬は出会いに恵まれてるよな。

太田――「あ、この人だ！」って１００パーセント信頼できる人になんて、なかなか出会えるもんじゃないからね。それにひきかえ、俺は恵まれてないよ。師匠がいないんだもん。龍馬のように「参りました」ってなりたいのに。

田中――芸人としての師匠がいないのはしょうがないだろ。だれかに弟子入りしてこの世界に入ったわけじゃないんだからさ。

太田――だから、俺の師匠は「本」や「映画」だね。それこそ司馬遼太郎だったり、ジョン・アーヴィングだったり、チャップリンだったり。

田中――まあな。今は、人からだけじゃなく、そういうところからも学べる時代だからね。

太田――あとは立花隆とかね。この人の懐の深さ、発想の飛躍の仕方はすごいもん。田中角栄から臨死体験に行って、脳死と戦争と宇宙だからね。ある意味、病気だぜ、もの知りたがり病みたいな。

田中――どんな病気だよ！　本人は、自分が興味あることをやってるだけだろ！

太田――そうなんだよ、専門的なことをわかりやすくする能力に長《た》けてるから、もういろんなものに興味を持っちゃってね。それでも、実は根っこで全部がつながってるんだけどさ。

田中——本人の頭の中ではね。

太田——政治と脳と宇宙がリンクしてるなんて、ふつうは考えられないだろ。一歩上行く視点なんだよ。それでも、あえて共通項を探るなら「人間」なんだろうね。立花隆は、当然、戦争反対なんだけど、「戦争を起こすのも人間だ」って割り切ってる感もあってさ。

田中——それは談志さんの「落語は人間の業の肯定だ」に通じるよね。

太田——そうそう。「人間は愚かだよ」「人間なんてこんなもんですよ」っていう。

田中——そう言ってもらえると、自分が楽になれる気がするもんな。

太田——楽っていうより、本当にそうなんだよ。逆に「人間の愚かさを許さない」「自然は必ずしっぺ返しをする」みたいに言われたら、こっちは困っちゃうじゃん。

田中——そういう小説や映画もあるだろうけど、それは「だからこそ愚かなことするな」っていう、逆説というかなんというか……。

太田——だって、こっちはどうにもできないもん、愚かなんだからさ。

田中——ま、いいけどさ。お前の思想的な面は本や映画から学んだとしても、職業である「笑い」の影響を受けてるのは誰なんだよ。

太田――欽ちゃんとか三波伸介さんとかを好きだったから、テレビをよく見てたし、ドリフやたけしさんからも影響は受けてるよね。ただ、実際に仕事を始めてからは、リーダーにすごい世話になった。

田中――コント赤信号のリーダー・渡辺正行さんね。俺たちが、唯一、師匠と呼べる存在かもね。

太田――あえて言うならだよ、言いたかないけどさ。

田中――なんでだよ！　ラママ*10の新人コント大会の主催者だから、本当に世話になっただろ！

太田――だって、もう、とっくに抜いてるじゃん。ネタに関しては俺たちのほうが面白いし。

田中――失礼なことを言うんじゃないよ！

太田――俺たちが初期にやってたコントを見てアドバイスをくれたりもしたもんな。「ちょっと長いな」って。

田中――ネタの良し悪しじゃなくて、出場者がいっぱいいるから時間を取ると困るってことだけが理由でね。

太田――でも、仕事がない時期に発表の場を与えてくれたことが、どれだけうれしかったことか。

田中――ほんと、渡辺さんには感謝してます。

太田――ま、向こうは、深く考えてなかったろうけどね。

田中――あとは、やっぱり談志さんかな。本当のお弟子さんがたくさんいるから、師匠と呼ぶのはおこがましいけど、すごく可愛がってもらったよな。

太田――初めて会ったのが10年前の立川流落語会だったんだけど、俺たちの漫才を見た談志さんが「お前ら、面白いな。天下取っちゃえ」って言ってくれたんだよ。すげえ励みになったもん。

田中――うれしかったよね。「お前は日本の常識になれ」って俺は言われたし。

太田――何年か経って、俺が談志さんの本の解説を書いたときにお礼の手紙をもらったんだよ。「今は忙しいだろうけど、踊らされるだけ踊らされとけ」みたいなことが書いてあって。事実、そういう状況だったから、まさに救われた感じがしたんだよね。

田中――このまま調子に乗って踊っていいんだっていうね。

太田――失敗しても「ま、いっか」で許されるんだって考えたら楽になったもん。

田中――談志さんの実体験でもあるんだろうけど、懐の深さは感じるよね。

太田――精神的な面では談志さんの影響はでかいけど、肉体的な面では、そうだな、主治医が俺の師匠かな。

田中――当たり前っちゃ当たり前のことだろ！

太田――定期検診から痔や風邪まで、全部同じ先生に診てもらってるんだけど、ここには圧倒的な信頼感があるからね。

田中――逆に言えば、信頼してるから主治医になったってことだろ。

太田――まあな。だけど、この先生が俺に対して医療ミスをしても「ま、いっか」で許せるぐらいの信頼感だぜ。

田中――そこは許せないだろ！　仮定の話にせよ、そういうことを言うんじゃない！

太田――いや、これこそが「業の肯定」なんですよ。自分に対することでも許さなきゃ。

田中――俺は絶対ヤだよ！

伝えること、伝えられないこと

太田——勝海舟は人脈もあったから、これぞと思う人物をメモしておいて、いろいろと人材登用に活用したっていう話もあるんだよね。

田中——いわば勝メモね。人を見る目もあっただろうからね。

太田——池田屋事件をきっかけに、勝は軍艦奉行《ぐんかんぶぎょう》を追われて失脚《しっきゃく》したんだよ。京都の池田屋で新選組に斬られた人物の中に、勝が作った海軍操練所に関わっている人間がいたことが理由とされているんだけどね。

田中——ま、そりゃそうだよな。幕府が作った施設に関係してるものが、尊攘派だったんだからね。

太田——結果、閉鎖になった海軍操練所で学んでいた人間たちは、勝の紹介で薩摩藩に身を寄せることになったんだよ。

田中——その中には、当然、龍馬もいたんだろ。

太田——そう、これがきっかけで、龍馬と薩摩のつきあいが始まったし、薩摩藩の後ろ盾《だて》で長崎に亀山社中を作ったんだからね。

田中――社中の母体は、海軍操練所のメンバーだったってことね。

太田――そういう意味では、龍馬も勝と同様に人を活かすことが上手だったんだろうね。いろんな藩の出身者、それこそ脱藩したとか浪人だとか、いわばフラフラしてるようなヤツらを集めて社中なり海援隊を作ったわけだろ。

田中――それって、お前にはあんまりない感覚なんじゃないか。

太田――何言ってるんですか、ものすごくありますよ。人を使うことがいかに大事なことか。中間管理職となった今、私は切実に感じています。

田中――お前がいつからサラリーマンになったって言うんだよ！

太田――たとえば、俺が映画を作るってなったときね。もうそれは、太田組っていうのをしっかり作って、自分がやりたいことを伝える自信はあるね。

田中――あ、そう。でも、お前は人を育てるみたいなことはしなさそうじゃん。

太田――そうだね、人を育てたいとは思わないね。ただ、同じプロジェクトに参加した人間に指示を出すことはできるし、やりたいよ。それは、ブレーンとして集めた対等な立場の人間だったりするわけだからね。

田中——たしかに、それは師弟関係で弟子を教育するのとは違うからね。そもそも俺もお前も弟子を取りたいとは思ってないわけだろ。

太田——まあな。「笑い」は習うもんじゃないから。だれかに弟子入りしようとは思わなかったし、教えられないものだと思ってるから。

田中——俺たちのやってる漫才は独学もいいとこじゃん。セオリーなんかも知らなかったから、おそらく間違ってたりしたわけだろ。それで育てるも何もないもんな。

太田——〝本格派の東京漫才の新星〟〝伝統を受け継ぐ若手〟みたいな言われ方もしたもんな。「伝統を汚さぬように」とか「受け継ぐつもりで頑張っていきます」とか答えていたけど、そんな気持はさらさらなかったもん。

田中——だからって、そこで、シレッとそういうウソをつかなくていいんだよ！

太田——お前だって、ウソついたじゃん。

田中——何がだよ。

太田——「弟子はいらない」とか言いながら、弟子希望者が来たら喜んでとるわけだろ。

田中——とらねえよ！　今の時代は、まわりに弟子がいるヤツもいないし、客にウケたもん勝ちっていう感覚になってるじゃねえかよ！

太田――育てようと思わないのはいいよ。でも、もし育ちそうな若手がいたら、お前は確実に邪魔して若い芽を摘《つ》もうとするじゃん。

田中――しねえよ、そんなこと！

太田――現に何組もの若手を、お前のその天使のほほえみの奥に隠された、悪魔の素顔で闇から闇に葬《ほうむ》ってきたじゃん。

田中――言ってる意味がわかんねえよ！

太田――ただ、若手といっても、同じ事務所の若い子たちには育ってほしいと思うよ。いうなれば後輩なんだからさ、興味がないわけじゃないもん。

田中――まあな。そこも育てたいじゃなくて、育ってほしいってことね。

太田――「5番6番」のふたりに、何度か「ネタを見せろ」って言ったこともあるしさ。ネタそのものは教えられないけど、俺の手法とかスタイルを教えることはできるじゃん。教え方だって相当うまいと思うよ。

田中――コントにしろ漫才にしろ、やり方をちょっと変えるだけで、ずいぶん面白くなる場合があるからね。

太田――とはいえ、「こうやんだよ」って手取り足取り教えたら、それは俺のコピーにしかならない。

田中——最初は模倣《もほう》から入るやり方もあるぜ。

太田——でも、発想とかアイデアは伝えられないじゃん。そこは自分たちで学んでくれよって思うもん。

田中——つまり、それが「育ってくれよ」になるわけね。

太田——なんていうのかな。俺は、自らパイプ役になって、自分の派閥とかグループを作る柄《がら》じゃないんだよね。つるむのはあんまり好きじゃないしさ。

田中——龍馬の場合は、まわりに人が勝手に集まってきた感じなんだろうな。

太田——龍馬は、いわばフリーな立場であったのに、勝海舟は組織の人間だったわけじゃん。

田中——つまり、上手に人材を活用する必要があったのかもね。

太田——もし俺が芸人にならなかったら、きっとそういう人材活用に優れた上司になってただろうね。みんなに愛される課長みたいな。

田中——いや、絶対それはありえないよ。そもそも、お前は会社員になれないだろ。勤め人として最低限の「遅刻をしない」ってことが守れないんだからさ。

太田――だったら、お前こそダメ社員だよ。言われたことはこなせるけど、なんかうだつがあがらない係長みたいなさ。
田中――なんで、お前が課長で、俺が係長なんだよ！
太田――素人のオヤジがよくやっちゃう感じのさ、つまんないギャグ延々繰り返したり、忘年会とかで『マツケンサンバⅡ』歌っちゃうみたいな。
田中――ま、たしかに、そうかもしれないなぁ。そこは自覚してるよ。
太田――ほんと、よかったよな。俺のような上司に恵まれて。
田中――だから、なんで、お前が俺の上司なんだよ！

＊3――1862年（文久2年）秋頃、千葉重太郎と一緒に斬りに行ったとされるが、後年の勝の創作という説もある。
＊4――薩摩の西郷隆盛も「惚れもうし候」というほど、勝にはカリスマ性があった。
＊5――操練所に集まった人材は、龍馬、近藤長次郎、高松太郎、陸奥宗光など、のちの亀山社中から海援隊へとつながっている。
＊6――1860年（万延元年）、幕命をうけ、艦長として渡米。艦長とはいえ責任者ではなく、幕府の使節団の中のひとり。

＊7―古今東西の歴史上、戦いや殺戮をすることなく、政権や体制が変わることはほとんどない。かなり珍しいケース。

＊8―19世紀後半、海外の武器と国内の武器の差は大きく、技術的には別物と考えてもよく、専門的な知識が必要だった。

＊9―松代藩（現在の長野県）藩士、西洋砲術家、学者、思想家。江戸に開いた塾には、龍馬以前に勝海舟も学んだ。

＊10―21ページ参照。

幕末用誤辞典

【氷川清話】ひかわせいわ
勝海舟が、維新後にまとめた自叙伝的回顧録。勝の住居、赤坂近辺の地名「氷川」による。後半は、氷川きよしの独占インタビュー記事で、氷川きよし話となる。

【咸臨丸】かんりんまる
１８６０年（万延元年）、幕府の遣米使節団が使用した船。1月13日に浦賀（現在の神奈川県横須賀市）を出航、サンフランシスコには2月25日に着いた。他の乗組員は、福沢諭吉、夏目漱石、樋口一葉、聖徳太子ら。

【無血開城】むけつかいじょう
大政奉還がなされたあと、王政復古の大号令のもとに江戸へ軍隊を派遣しようとした西郷をはじめとする新政府軍だが、勝海舟の説得により戦闘は起きなかった。しかし、あわてて生理が始まった女性が多数いたため、本当は無血ではなかったという説もある。

【安政の大獄】あんせいのたいごく

大老・井伊直弼が独断で行った政治的処罰、制裁。水戸藩士を中心に100人以上が、死罪、遠島、隠居などを受けた。傷を負った者はしばらく安静にしていた。↓桜田門外の変

【桜田門外の変】さくらだもんがいのへん

安政の大獄で処罰を受けたことに腹を立てた水戸浪士が、1860年（万延元年）3月3日、井伊直弼を桜田門で待ち伏せし、暗殺した事件。警察庁は「門の外だから…」と介入しなかった。

【佐久間象山】さくま・しょうざん／ぞうざん

西洋砲術家、学者。「東洋の道徳、西洋の芸術（技術）」という考えのもと、開国論を主張。勝海舟や龍馬も師と仰いだ。鼻が長かったらしい。そうよ、母さんも長かった。

第六章

西郷とともに活躍

恩人・吉《よし》井《い》友《とも》実《ざね》への手紙

画・太田光

吉井友実《よしいともざね》

1828年（文政11年）生まれ。薩摩藩（現在の鹿児島県）の「大坂藩邸留守居」。龍馬は公私ともに親身な世話を受け、お礼に刀を贈ったこともある。龍馬夫妻が新婚旅行で薩摩を訪れたときには、自宅に泊まらせたり、霧島に案内した。現存する手紙は、連名を含めて2通のみ。

薩摩藩は外洋と山に囲まれ、西南の果てに位置し、独立国の意識が強い。また、人口における武士の割合も高く、その強大な軍事力を背景に「薩摩が動けば日本が変わる」とまで言われた。

代表的人物には西郷隆盛、大久保利通、小松帯刀（たてわき）らがいる。西郷と龍馬は非常に親密な関係であったが、西郷に宛てた手紙は残っていない。

長州の状況を京都薩摩藩邸にいる岩下と吉井に伝えた手紙。

岩下佐次右衛門、吉井友実宛

慶応元年（一八六五年）十二月十四日

一筆啓上させていただきます。

わしでなければ、だれかを上関《かみのせき》*1まで出すつもりだったのだが、最近、お国を回ってきた船が下の関に着いた。人がいなかったのだが、幸いに黒田了介*2殿がお出になられた。今少し留まられるようなので、選択の余地もない。わしとしても了介殿にご同伴し、上坂するつもりじゃ。

芸州*3で永井主人と会見した際、かねてからの長州政府の考えを話したところ、永井が「では、諸隊*4の頭たちに面会したい」というので、彼らと面会した。

推測すると、永井は諸隊の者と長州政府の意見とが、はなはだ異なっていると見ているようじゃ。だから、政府*5を助け、諸隊を撃つ、あるいは諸隊を助け、政府を撃つとの考え方なのだろう。

（永井は）京都から壬生《みぶ》浪人[*6]同伴でやってきて、帰っていった。長州人と「虎口を逃れた」と大いに笑い合ったものじゃや。上下が団結し、兵勢の盛んな長州をもって、日本第一とするべきと思う。いずれ近いうちに上京し、お話しする。

〆

坂本龍馬

直陰[*8]

岩下左兵次様[*7]

吉井幸輔様[*9]

＊1―長州（現在の山口県）の地名。中関もある。

＊2―薩摩藩士で西郷の盟友。薩長同盟直前の時期。

＊3―現在の広島県。永井主人は、幕府の官僚である永井尚志（なおむね）。龍馬と意気投合し、徳川慶喜に大政奉還を説いた人物。

＊4―諸隊は、藩士の軍勢とは別に、奇兵隊のように庶民を含む有志により編成されていた。藩の中枢を動かすか、影響力を強めている諸隊と交渉するか、第二次長州征伐を前に幕府

は、長州の動向を探っていた。

＊5―幕府は、長州藩庁と諸隊を分断させておくのが好都合と考えた。

＊6―新選組のこと。このとき、局長の近藤勇が永井に従って広島に入っている。

＊7―岩下佐次右衛門の通称。

＊8―龍馬の変名。坂本家の男子は、代々「直」の名をつけられており、本名は坂本龍馬直柔（なおなり）。

＊9―吉井友実の通称。

バカなら大バカ!?

太田――幕末を語るうえで、薩摩《さつま》藩っていうのは、特殊な存在だよね。

田中――御三家をのぞけば、相当、大きな藩だったんだろ。加賀百万石に次ぐぐらいの。「薩摩が動けば日本が変わる」と言われてたらしいし。

太田――そうだね。軍事力、経済力は、ほかの外様大名《とざまだいみょう》と比べものにならないぐらい抜きん出てる。とにかく戦国時代からずっと続く「武力に秀《ひい》でた藩」なんだよ。

田中――「薩摩隼人《はやと》」とかって言葉からして、強そうな感じだもんな。

太田――幕末期には[*10]「砂糖の専売制」[*11]「琉球との密貿易」[*12]「藩政改革」を土台に、より強くなっていったらしい。（※注釈は197ページ）

田中――藩主の島津斉彬《なりあきら》は、幕末きっての名君なんだってね。

太田――どうして龍馬が薩摩藩の人間と懇意《こんい》になったかというと、それは勝海舟の失脚っていうのが大きいんだよね。

田中――たしかに理由は気になるよな。脱藩している一介の浪人が、なんでまたそんな大きい藩の人と交流できたかって話だもん。

太田――勝海舟の人脈もあったし、龍馬もそこそこ名が通っていたんだけど、勝の失脚にともなって神戸に作った海軍操練所も閉鎖されちゃった。結果、その人材と操船技術を見込んだ薩摩藩が「じゃ、うちで面倒見よう」と丸抱えしたらしいんだよね。薩摩だけにキュウシュウ合併？

田中――くだらねえボケはいいから、進めろ！

太田――薩摩藩の人物たちの中でも、龍馬が一番懇意にしていたのは、やっぱり西郷隆盛なんだよね。

田中――ただ、手紙でいうと、西郷宛のものは残っていないんだろ。

太田――薩摩藩のほかの人間でも、吉井友実《よしいともざね》と岩下佐次右衛門《いわしたさじえもん》＊13宛のが2通あるぐらいかな。

田中――なんだ、その程度なのか。

太田――ま、でも当時の薩摩の人口は、全部で4～5人だったっていう話だからね。殿様と西郷と吉井と岩下とあとはだれか。

田中――んなわけねえだろ！　それじゃ藩じゃなくてグループだろ！

太田――ていうか、俺は西郷を嫌いじゃないんだけど、好きでもないんだよね。もちろん、認める部分は大いにあるよ。薩摩といえば、大久保《おおくぼ》利通《としみち》でも島津の殿様でもなく、当然、西郷なんだけどさ。

田中――大久保だって、かなりの人物だろ。

太田――まあね。戦略家っていうイメージかな。西郷は指導力と軍事力を持っていて、大久保が戦略を担当するみたいな関係。維新後まで、このふたりのあいだには信頼関係があったと思うよ。ただ、西郷にはカリスマ性があったから、下の者には慕《した》われる反面、上の者には疎《うと》まれることもあったみたいだね。

田中――島津久光が藩主の時代には、島流しにあったりしてるんだもんな。

太田――面倒見がいいのか、下の者に担《かつ》ぎあげられちゃうようなところもあるんじゃないか。[*14]西南戦争で亡くなったのが、そういうことだからさ。

田中――たしかにイメージ的には優しそうだし、自己犠牲という言葉が似合う感じだもんな。エゴイストにはなりきれないっていう。

太田――そうだね、西郷は、龍馬とは違う次元でズバ抜けてたんじゃないかな。

田中――〝次元〟って、どういうことだよ。

太田――西郷にとっての「倒幕」や「開国」は、薩摩が天下を取るためだって考えていた気がするんだよ。もちろん、根底には「それが日本のため」という意識もあったんだろうけど、優先順位は、あくまで薩摩が上だよね。

田中――龍馬のように民主主義をイメージしてたわけではないってことか。

太田――いや、西郷も下級武士の出身だから、そういう考えもあったとは思うんだよ。ただ、龍馬まで飛び抜けてない。西郷は、昔ながらの制度の中ではトップなんだけど、龍馬と比べると考え方が古い感じがしちゃう。

田中――そのへんを薄々わかっていたから、自分にはない考えを持つ龍馬に可能性を感じていたのかもな。

太田――あるいは、西郷も龍馬のようなことをしたかったけど、しがらみが多くて動けなかったとか。

田中――生まれ育ったのが薩摩藩だからってのも関係してるのかもね。

太田――強い藩、大きな藩で育ったから、そこにとどまっちゃう。下克上《げこくじょう》の範囲を超えられなくて、その中での一番っていう。だから、ちょっとでも違う時代に生まれてたら、よかったんだよ。もし戦国時代に生まれてたら、天下を取ってただろうし。

田中――明治期以降なら、総理大臣や軍の大将かって感じね。

太田――平成の世に生まれてたらね、ゴールデンで冠《かんむり》番組を何本も持ってただろうし。

田中――バラエティでの天下なのかよ！

太田――どの時代のどんな場所でも、名は残していたと思うよ。器がでかすぎて薩摩には相容《あいい》れなかった感じもするからさ、アメリカにでも生まれてたら、もっとよかったと思うもん。

田中――それは、わかる気がするな。

太田――「西郷をたとえるなら、スポーツの強豪校のキャプテンだ」とも言われるらしいんだけど、たしかにそういうイメージだよね。キャプテンとか生徒会長的な役回りがすごい似合う。

田中――強豪校は薩摩と同じで、伝統があるぶん、いろんなしがらみもあるからね。

太田――勉強がものすごくできるわけじゃないけど、押さえるべきポイントはしっかり押さえてるみたいな。

田中――まさに、統率力があったんだろうね。

太田――あとは、なんだろう。どっかの国の王様みたいなポジションが一番しっくりくるかもな。カメハメハ大王みたいに国民全員から尊敬され、愛されるみたいなさ。見た目もなんとなく王様っぽいし。いや、女王様かな。

田中――言ってる意味がわかんねえよ！

太田――正義感が強くて優しい人って感じもするけど、振り幅が逆になってたとしても、悪人なら悪人で人気が出るみたいなところもあるんじゃないか。

田中――龍馬が初めて会ったときの西郷評が「こいつは、バカなら大バカ。利口なら大利口」[*15]だからね。そういうことかもな。

太田――実際、幕末の人物の中では人気が高いわけじゃん。渋谷に銅像が建つぐらいだし。

田中――ハチ公じゃねえんだよ！　西郷さんの銅像は上野だ！

太田――「あんな着流しを着て、犬を散歩させるような人ではない」って親族が怒ったっていう話もあるらしいけどね。今で言ったら、着流しはジャージみたいなもんだからさ。

田中――へぇ～、そうなんだ。

太田――でも、連れてる犬に関しては「うちのハチ公とそっくりです」って親族が誉《ほ》めてるんだって。

田中――ハチ公はもともと関係ねえって言ってるだろ！

この人に会いたい！

太田――幕末期の志士たちのあいだでは「どこどこの誰は、どんな人物である」みたいな評判が口コミのレベルで飛びかっていたらしいんだよね。

田中――逆にいえば、今みたいに情報が氾濫《はんらん》しているわけじゃないからね。評判とか口コミしか人物をさぐる手段がなかったんだもんな。

太田――龍馬なんかは、噂《うわさ》を聞きつけては人に会いに行ったり、逆に噂を聞いた人が会いに来たりしてたわけだろ。そういうのは芸人のネットワークと似てるよね。

田中――口コミだの評判だのはあんまりないけど、テレビの世界で芸人として仕事をしていれば、かならずどこかの現場で一緒になるからね。誰の後輩で、どこの事務所だとかは、自然と耳に入ってくるわけだしさ。

太田――芸人の世界も狭いからね。ま、当時の思想家とか志士たちのあいだもそう考えると、狭かったんだろうね。

田中――ただ、芸人の世界がいくら小さかろうと、さすがに、わざわざ会ってまで話を聞きたいというレベルの人はいないよね。そりゃ、タモリさんやさんまさんと仕事が一緒になってトークをするとなったら、うれしい気持もあるけどさ。

太田――いや、微妙だぜ。やっぱり大先輩の前だと緊張するし、プレッシャーもあるし。

田中――まあな。

太田――会いたいけど、会いたくないわ。

田中――どっちなんだよ！

太田――もぉ、そういう女心をわかってないのね、ふん！

田中――気持悪いだろ！

太田――だってさ、大好きな人って難しいじゃん。特に俺の場合、憧《あこが》れの対象が小説家だったり、映画監督だったりするからさ。

田中――その人に会うことが重要じゃなくて、その人の作品を楽しみたいってことだろ。

太田――そうなんだよね。そりゃ、会って話をしたい人が何人かはいるけど、会っても何から話せばいいかわかんなくなっちゃったりしそうで……。

田中――今、ここでモジモジするな！

太田——カート・ヴォネガットとかジョージ・ロイ・ヒルとかテリー・ギリアムとかさ、会ってみたいなとは思うけど、是が非《ぜひ》でも会って話をしたいってわけじゃない。

田中——ジョン・アーヴィングには、雑誌の企画で会ったんだよな。

太田——憧れの人ではあったけど、相手は小説家なんだから、その人の作品を読めば考えはわかるとあらためて思ったもん。対談をしたんだけど、聞きたいことはひとつしかなかったからね。

田中——アメリカには一緒に行ったけど、俺はその対談の席にはいなかったからね。何を聞きたかったの？

太田——「あなたの小説では、キャラクターとして、悩む人やダメな人が多く登場しますが、あなた自身はどうなのですか？」ってことだったんだけど、本人は「違います」って答えてた。

田中——あ、そう。よかったじゃん、答えがわかって。

太田——たださ、そうは言っても、小説に自己が反映される可能性は大いにあるじゃん。ていうか、答えは絶対に「Ｙｅｓ」のはずなんだよ。通訳を通しての会話だったし、もしかしたら質問の意図が伝わってないのかと思って、日本語の言い回しを変えて延々同じ質問をしたんだけどね。
田中――日本語と英語の微妙な差でニュアンスが変わってるかもしれないって思ったわけね。
太田――それでも、答えはすべて「Ｎｏ！」だったね。アーヴィング、かたくなに否定してた。
田中――だったら、それでいいじゃねえかよ！　何度聞いても答えは変わらねえよ！
太田――そうだね。日本語で言い換えてても、英語ではおそらく同じ質問だったからね。最後のほうは、アーヴィングもヤな顔してたもん。
田中――当たり前だ！
太田――小説の内幕というか舞台裏とかのそういう面は、明かしたくないから否定せざるを得ないんだけどね。アーヴィングは私小説を書いてるわけじゃないんだし。
田中――わかってるなら、しつこく聞くな！
太田――同じ取材の旅では、ウディ・アレンとも会ったんだけど、これはもう一瞬だったからね。
田中――定期的にクラリネットを演奏してるニューヨークのホテルのレストランに行った

んだよな。
太田――テレビカメラは入れなかったから、歩きながら握手だけしてもらってさ。同行のスタッフが「He is Japanese comedian」って言ったら、立ち止まって「ほんまか？　頑張りぃや」って返してくれたんだよね。
田中――ウソをつけ！　こっちが英語なのに、なんで向こうが関西弁なんだよ！
太田――それぐらいの出会いのほうが、さっぱりしてていいんだよ。俺は松田優作の大ファンだけど、会って話したいとは思わなかったもん。陰でそっと見るぐらいのほうがいいかなって。
田中――まあな。
太田――じっと見てたら「何見てンだ、お前！」みたいに怒られたりしてね。
田中――それは優作じゃなくて、『野獣死すべし』の鹿賀丈史のモノマネじゃねえか！　どっちにしても活字じゃ伝わらねえけどな！
太田――優作は、ああ見えても、お笑いに興味があったらしいからさ。桜金造さんの芸名をつけたっていうぐらいでね。
田中――え～っ、そうなんだ。じゃ、もし生きてれば、俺たちも会う機会があったかもね。

太田――あと、子どもの頃は、王選手の大ファンだったからさ、深く考えずにすごく会いたかったんだよね。親父の仕事のつてで会うチャンスもあったんだけど、結局、会えなかった。

田中――何年か前に仕事で会ったのが初対面なんだろ。福岡ドームに爆チュー問題のねずみ姿で行ったら、ちょっと迷惑そうな感じだった。

太田――それでも、俺はうれしかったけどね。

田中――俺もジャイアンツファンだから、テレビの企画で原辰徳さんと、野球の勝負をしたときは本気でうれしかったよ。

太田――こういう仕事をしてると、逆の場合もあるじゃん。自慢じゃないけど、宇多田ヒカルだって、デビュー直後は「爆笑問題に会いたい」って言ってたんだよね。まだ注目されるかされないかぐらいだったから、こっちは「宇多田？　誰それ？」って感じでさ。

田中――実際にラジオの特番のゲストに呼ばれて行ったんだよな。

太田――音楽関係でいうと、15年ぐらい前のバンドブームの頃にさ、イカ天バンドが総登場するようなイベントに呼ばれてったことがあるじゃん。

田中――インディーズのナゴムレコードを主宰するケラに「ぜひ、ステージで漫才を」って言われて渋谷公会堂に行ったんだよな。当時は『イカすバンド天国』っていう深夜番組が人気だったから、客もすげえ入ってて。

太田――とはいえ、俺たちが漫才やってもまったくウケなくてさ、キツかったよなぁ。

田中――だって、客はバンドを見に来てるわけだからね。漫才なんか見たくないよ。

太田――だから、それ以来、音楽関係のイベントとかは出たくなかったもん。いくら「ファンです、幕間《まくあい》でぜひネタを」って言われても、やりたくないっていう気持が先に来ちゃって。

田中――トラウマみたいなもんだよな。

太田――ずいぶん経った時期に、よく知らないバンドからも、そういうオファーがあってさ。しょうがないから出たら、そこではウケたからよかったよ。あのバンドなんて言ったかな、サザとか、サザンなんとかだっけ？

田中――サザンオールスターズのことかよ！　20周年記念のライブじゃねえかよ！　めちゃくちゃうれしかったんじゃねえのかよ！

太田――そうです。すげえファンだったから、うれしかったです。そういう意味では桑田さんは唯一会ってみたい人でした。

田中――だったら、素直に喜べよ！

「太田さん、怒ってるんですか？」

太田――幕末の志士のなかで弁が立つのは誰なのかを考えると、龍馬が一番だったような気がするね。

田中――単純に考えれば、思想を人に伝えなければならない以上、名のある人たちはみんな、そこそこ弁が立ったと思うけどね。それまでの「切り捨て御免《ごめん》」だの「問答無用」から変革しようとしてる時期なんだし。

太田――龍馬もけっこうしゃべるタイプだっただろうけど、意外と勝海舟もイケたんじゃないかな。たとえ話とか織りまぜて面白おかしくしゃべるみたいなさ。

田中――維新後も長く生きて、語録[*16]とか回想録みたいな本をたくさん出してるんだよな。

太田――そうなんだけど、記述的にはずいぶん間違いがあるらしいんだよ。つい、しゃべり過ぎちゃったみたいな感じで。だから、勝海舟はものすごくおしゃべりだったような気がするね。

田中――西郷隆盛はどうだろう。ものすごく無口だったって感じだよね。本音を引き出すのが難しいみたいなさ。

太田――そんなことないですよ。甲高《かんだか》い声で、ぺちゃくちゃしゃべってましたよ。

田中――見たのか！　話したこともないくせによ！

太田――おそらく西郷は、イメージ通りで無口だったんでしょうね。薩摩の仲間との徹夜の話し合いの席でも、一晩で「うむ」ぐらいしか言わない感じでさ。

田中――それはそれで、極端過ぎるだろ！

太田――龍馬が西郷に宛てた手紙が残ってないのも、それが理由だったりしてね。薩長同盟もそうだし、公私にわたって世話になってたから、手紙を送ってないはずはないんだからさ。

田中――どういうことだよ。

太田――こっちが手紙にいろいろ書いても、返信は「うむ」の一言だけみたいな。

田中――んなわけねえだろ！

太田――ま、実際のところ、西郷は薩摩藩の役職についてる偉い人だから、側近を経由して手紙のやりとりをしてた感じなんでしょうね。

田中――龍馬のしゃべりってのは、どうなんだろう。

太田――男女を限らずに人を惹《ひ》きつける魅力があったんだろうから、会話も相当面白かったんじゃないかな。女にはずいぶんモテたっていう説もあるし。

田中――たしかに、龍馬は一緒にいて楽しそうな感じはするけどさ、のべつまくなしにしゃべり続けるタイプだったのかな。飽《あ》きさせないことに関しては天下一品みたいな。

太田――芸能界でいうと、さんまさんみたいな感じね。

田中――ほかにもそういう人はいっぱいいるよね。柳沢慎吾さんはカメラが回ってなくても延々しゃべり続けてるし。

太田――むしろ、カメラが回ってないときのほうがしゃべるし、さらに面白かったりする。こっちは「おはようございます」って挨拶しただけなのに、マチャアキに成りきってネタをやりっぱなしでさ。松村君とかもそういうタイプだね。

田中――松村邦洋君は、ひたすらこっちを笑わそうっていう目的だよね。番組の進行に関係ないところで延々ネタをやり続ける。ひょっとしたら、龍馬もそれに近いんじゃないの。お前曰《いわ》く、ハイテンションだったわけだろ。

太田――どうなんだろうね。「いや～、昨日さ～、もう大変でさ～」とか「さっき、あそこでさ～」とか「昨日、京都の店でさ～」とか、とにかくしゃべり続けていたかというと、そうでもない気がするね。

田中――そんなだったら、イメージ崩れちゃうけどな。

太田――だからといって、絶対無口ではなかったと思うよ。交渉ごとを何度もまとめているんだから、弁は立つはずだよ。

田中――いざというときに自分の言葉、自分のペースで会話ができるって感じかな。

太田――そうだね。ふだんはわりとおおざっぱなところもあって、なんか遠くを見つめて、でも、ここぞというときにはバーッとまくし立てる。

田中――スイッチが入っちゃったみたいな。

太田――ほかの幕末の志士なんかは、おそらく能書きが多かったんだと思う。「日本とは……」みたいに論じちゃってさ。桂小五郎あたりは特に説教くさかったんじゃないか。桂って名前からしてさ。

田中――落語の桂とは関係ないからな！

太田――あと、龍馬は聞き上手でもあったんじゃないかな。ほら、「話上手は、床上手」

って言葉もあるぐらいだし。

田中――微妙に間違ってるだろ！

太田――会話はコミュニケーションの基本ですよ。話すのも聞くのも大事なんです。言葉で自分の意思を表せるからこそ人間なんです。ええ、やっぱりそういうものを大事にしていきたいですよね。

田中――お前がそういうことを言うなよ。

太田――なんで？

田中――言っとくけど、お前は世間的に相当気難しいイメージを持たれてるからな！

太田――マジで？　俺は自分のこと、かなりのおしゃべりだと思ってたんだけど。むしろ、ちょっと控《ひか》えなきゃって思うぐらい。

田中――んなわけねえだろ！　へたすりゃ「太田さん、機嫌悪いんですか？」って聞いてくるスタッフがいるぐらい、しゃべらないときあるじゃねえか！

太田――……そうだよな。本当におしゃべりな人って、何があろうと延々しゃべり続けるわけだからさ、俺はおしゃべりではないかもね。時と場合と相手と気分によっては、一言もしゃべらないから。

田中――それが気難しいと思われてる理由だろ！

太田――仕事のときとか芸人同士だと、かなりしゃべるんですけどね。相手が俳優とかスタッフだと、ほとんどしゃべりませんなぁ。

田中――それがよくないって言ってんだろ！

太田――何を話していいかわかんないし。恥ずかしいし。

田中――子どもじゃねえんだよ！

太田――だってさ、タモリさんだって、たけしさんだって、談志さんだって、すげえシャイだぜ。

田中――だからって、お前が無口になる理由にはならねえだろ！

太田――後輩芸人には、こっちから話しかけるときもありますよ。ヒロシとか波田陽区に「最近出まくってるね」「忙しいの」って。そしたら、若手なのに向こうのほうが無口でさ。「ええ」とか「はい」しか言わないんだもん。

田中――恐縮してるんだよ！

太田――よく考えたら、ふだんの俺が会話する人って、カミさんとお前ぐらいだな。子どもの頃から両親とはほとんど話さないし、親戚の集まりなんかでも一切しゃべらなかったから。

田中——そういうのを無口というんだよ！

＊10—領地である奄美大島のサトウキビを薩摩藩が買い上げ、黒糖に精製して全国に販売していた。当時、砂糖や甘味は貴重品のため収益は上がった。

＊11—建前上、琉球王国は別の国家であったため、鎖国をしておらず、中国と貿易を行っていた。絹や薬品が主な輸入品。

＊12—江戸中期までは大藩といえども藩の財政は苦しく、豪商などから借りた金の踏み倒しなどもあった。島津斉彬の藩政改革でいち早く近代化に成功。

＊13—薩摩藩士。両名とも中堅幹部。吉井は明治、大正、昭和期の歌人・吉井勇の祖父。

＊14—1877年（明治10年）に起こった最大にして最後の不平士族の反乱。維新後は、陸軍元帥や参議の地位に就いた西郷だが、明治6年の政変で辞任。故郷、鹿児島で私学校を作り隠居生活を送ったが、この私学校や西郷のカリスマ性が仇（あだ）となり、結果、明治政府との戦争となった。

＊15—「バカなら大バカ、利口なら大利口。大きく叩けば大きく響く」などと言ったとされる。これは勝海舟の回想録などで「龍馬がそう言ってた」と書かれているだけで、真実かどうかはわからない。

＊16—『氷川清話』のほか『追賛一話』『海舟座談』『海舟語録』などがある。

幕末用誤辞典

【薩摩藩】　さつまはん

サツマイモ、サツマあげ、サツマ焼酎などが名産品だったことから、薩摩藩となった。77万石は外様大名としては加賀・前田藩100万石に次ぐ大きさ。西郷隆盛、大久保利通など維新で活躍した人材を多数輩出したばい。

【外様大名】　とざまだいみょう

将軍直参がかなう、知行1万石以上の大名のなかのひとつの区分け。幕末期には、御三家などの親藩、譜代大名、外様大名、ヨン様大名の4種。

【島津久光】　しまづ・ひさみつ

久光製薬と島津製作所のM&Aによる新会社。フェローとなったノーベル賞受賞者・田中耕一さん開発による「生体高分子の同定および構造解析のための手法で開発されたサロンパス」が主力商品。

【西南戦争】 せいなんせんそう
南3局、トップ目でとにかく上がりたいという局面。西をポンして役を付けたが、親も負けじと南を鳴き、真っ向から勝負となった。「西と南。千点といえども、ここは負けられない。これは戦争なんだ！」。西郷は心の中で誓った。

【犬、狗、戌】 いぬ
ネコ目イヌ科の哺乳類。嗅覚・聴覚が発達しており、人に馴れ、様々な目的で広く飼育されている。ちなみに、上野の西郷さんの銅像が連れている犬の名前は「ツン」。そういや、どこかお高くとまってる感じがするね。

【生麦事件】 なまむぎじけん
1862年（文久2年）8月、武蔵国・生麦村（現在の神奈川県横浜市鶴見区生麦）を通った島津久光の大名行列と、イギリス人の生糸商・マーシャル、リチャードソンらが、もめた事件。原因は「この生ビールは、ほんとに麦を使ってるかどうか」。薩英戦争にまで発展した。

【写本】しゃほん

書物を手書きによって写すこと。その写した書物。江戸時代には、すでに木版画による出版物があり、ベストセラーも存在したが、流通や価格の問題で写本も一般的だった。あ、この本は写本しないでね。

第七章

物心両面で支援
パトロン・伊《い》藤《とう》助《すけ》太《だ》夫《ゆう》への手紙

画・太田光

伊藤助太夫《すけだゆう》

伊藤家は下関きっての名家で、大名相手の大旅館を経営。その巨大な富をバックに尊攘派志士を援助し、吉田松陰や高杉晋作もよく出入りしたという。

助太夫は１８３０年（天保元年）生まれで、龍馬とは１８６５年（慶応元年）頃に知り合う。龍馬は伊藤家の離れを借りて、海援隊の支店のように利用。１８６７年（慶応３年）２月には、長崎にいたおりょうも呼び寄せ、夫婦水入らずで過ごした。助太夫宛の手紙は14通現存しており、親密さがうかがえる。

それにしても、いったい龍馬はどんな生活をしていたのか。また、都市である江戸、大坂、京都には想像以上に文化的な生活があったとされる。何を着、何を食べていたのだろうか。

船代を割り勘にしたいが、金がないので金を工面してくれといった内容。律儀さといい加減さが垣間見られる。

伊藤助太夫宛*1　慶応二年（一八六六年）十二月二十日

溝淵広*2を一日も早く長崎に帰したく、船の手配の件で伊藤先生、洪堂《こうどう》兄*3等のご仲介をお願い申し上げる。筑前*4・黒崎まで船か、長崎まで船か、それは広が決めることじやが、用向きが済んだら、一日も止まるのは、はなはだよくない。早々と船のお世話をお願い申し上げる。

助太夫先生にお願いごと

洪堂がよく知っておるけれども、また記す。

一、長崎からの船代　三十四両

一、広が出した金

龍が出した金

金額を計算して、四等分し、四分の一は大村の村瀬[*5]が出した。洪堂は金がないので、出しようがない。残りは溝淵と龍馬が二等分することにした。ところが、龍馬も今日は金がないので、その尻ぬぐいを伊藤先生にお願いしたい。龍馬が出さなければいけない分を、ご面倒をおかけするが、どうぞ出しておいてください。ああ、空袋（からっけつ）の書生、かしこみ[*6]かしこみて申す。

頓首々

龍

二十日

伊藤先生

足下《そっか》

＊1—下関では助太夫、長崎では小曽根英四郎の支援を受けていた。その他、長州の白石正一郎もパトロンとして有名で、何百人もの志士を援助した結果、巨額の負債を抱え、家財は傾いてしまった。このように、当時の志士は、多くの商人に支えられていた。

＊2—溝淵広之丞（みぞぶち・ひろのじょう）。龍馬とは幼なじみで、まさに竹馬の友。江戸

への剣術留学の際にも同行。

＊3―海援隊士・山本洪堂（復輔）。

＊4―現在の福岡県北西部の地名。

＊5―村瀬三英。長崎の大村にいる人物の名。

＊6―畏まる、畏まってお願いの〝かしこ〟。神官が神様に申し上げる祝詞（のりと）に出てくる決まり文句。

びんぼう自慢

太田——この手紙って借金の申し込みだろ。船代を出してくれっていう。

田中——でもさ、金を出してくれとは言ってるけど、借りるとは言ってないよ。

太田——そうか。たんに代わりに払っといてね♡ってことか。

田中——ま、伊藤助太夫ってのは大名相手の大きな旅館を経営する豪商で、龍馬のパトロンだったらしいし、いいんじゃないの。

太田——しかも、4等分すると言いつつ、金がない洪堂はあっさり免除してるしな。その分も自分と溝淵とで2等分するってことで問題なしにしてる。「ない袖《そで》は振れない」で、みんな納得。

田中——損得感情で見てないんだろうね。大らかでいい時代だよな。にしても、34両って、今の価格に置きかえるといくらなんだ?

太田——えーと、だいたい1両10万円だから……。

田中——計算できねえのかよ！ ３４０万円だよ！

太田――その4分の1を大村が出して、残り4分の3をふたりで分担するってことは……。

田中――計算するフリだけすんじゃねえよ！　龍馬の分担は127万5千円だよ！

太田――ええっ！　そりゃ大金だ。当時、庶民の年収は10両前後だったっていうぜ。それじゃ年収以上だもん。

田中――10両は庶民にとって、生活するには十分な額だったのかな。

太田――たとえば、長屋の家賃は、大工や左官などの1日の稼ぎから換算すると、2、3日働けば払えたらしい。月収の15パーセントくらいだって。

田中――住宅費が家計を圧迫している現代とは大きな違いだよな。

太田――江戸時代のファストフードであるそばは、いまだと30円くらいで、庶民が気軽に食べられる値段。ただ、インフレが進んで幕末には倍に値上がりしてるんだって。

田中――幕末の混乱がこんなところにも影響を及ぼしてたんだ。

太田――握り鮨や天ぷら、歌舞伎の2階立ち見席なんかも安価。反対に灯油や着物は高かったらしい。大名や上士、豪商は絹を着てたけど、庶民は木綿の着物。新品が買えなければ、たくさんあった古着屋で買ってたんだって。

田中――へーえ、当時から古着ブームはあったんだね。

太田――流行は繰り返すとは、よく言ったもんだよ。クタクタになったTシャツとか穴の開いたジーンズとかが人気だったんだって。

田中――んなわけねえだろ!

太田光のファッション・チェック

太田――龍馬は新しもの好きだったから、着るものに凝《こ》ってたっていう話はよく聞くよね。

田中――着物と袴《はかま》の姿で足下はブーツだったり、香水をつけてたみたいなことだろ。幕末のあの時代にそういうことをするのは、よっぽどのことだったんじゃないのかな。当時では、かなりのミスマッチとも言えるし。

太田――まあね。だから、龍馬の場合はおしゃれというよりは、好奇心だったんだよ。だから「カッコよさ」は関係ない。「侍らしく」みたいのはクソくらえっていうさ。

田中――どうだ、俺は新しいブーツというものを履《は》いて新しいことを考えてるぞってことね。

太田――そうだね。そこには、ファッションというより思想や主張が入ってる。長州の高杉晋作《たかすぎしんさく》がざんばら髪にしていたのが、「俺はちょんまげをした侍ではない」っていう主張なんだからさ。

田中――身分を問わなかった奇兵隊《きへいたい》にも通じるってことね。

太田――ファッションに関して言えばさ、見た目をまったく気にしない人と気にする人に分かれるじゃん。ま、俺があんまり気にしないほうで、お前がすげえ気にするタイプみたいにさ。

田中――ちょっと待て！　俺がいつ〝すげえ〟気にしたっていうんだよ！

太田――ウソつけ、お前はものすごく気にするよ。テレビの収録前には、かならず「ねえ、これ似合う？」って俺に聞くじゃん。

田中――んなわけねえだろ！　スタイリストもいるのに、なんでお前にお伺《うかが》いたてなきゃならねえんだよ！

太田――チビで小太りで醜《みにく》いのに、そんなに見た目ばかり気にしちゃってさ。おぞましいよね。

田中――うるせえな！　いいじゃねえかよ、少しぐらい気にしたってよ！

太田――ていうかさ、見た目を気にしている時点でダメじゃん。人間は中身なんだぜ。お前なんか特に中身が薄っぺらなんだから、そこをもっと充実させることに力を入れろよ。

田中――ほんっと、うるせえな！　そんなの、お前に何百回も言われてるんだからわかってるよ！　中身どうこうは、もうあきらめてるんだよ！

太田――え、お前、中身あきらめてるの？　見た目はあきらめずに？

田中――いいよ、だったら中身も見た目もあきらめるよ！

太田――俺がお前だったら、相当あせってるよ。服なんか買いあさってる状況じゃないもん。

田中――べつに買いあさってるわけじゃねえだろ！　たまに服を買うと「また買ったの！」って驚くお前のほうが間違ってるんだよ！

太田――ファッションにお金をかけたりするのは、要は自己満足みたいなもんなんですか？

田中――……そういうことになるかな。

太田――ってことは、お前、そんなちっぽけな存在でも自分に満足してるんだ？

田中――しつこい！　満足してるかどうかは、お前の誘導尋問じゃねえかよ！　もし、俺がゴルフシャツにゴルフズボンみたいなオヤジファッションになったら、どうすんだよ！
太田――いいねぇ、えなり君スタイル。
田中――よかねえだろ！　お前がスーツ着てたときにバランス悪いだろ！
太田――ま、そりゃそうだな。ただ、俺の場合は、ほんと着るものに関しては無頓着《むとんちゃく》だからね。ここ何年も、お店へ行って服を買ったことがないもん。
田中――スタイリストが用意した衣装を着ていれば済むからな。
太田――服を買うのは、衣装の中で気に入ったものの買い取りぐらいだよ。
田中――昔は、「爆笑問題は格好が汚い」ってさんざん言われてたんだよな。お金もなかったし、もう当たり前のように自前のTシャツとジーパンだったからさ。
太田――よく考えたら、俺の場合、着る服を自分で選んで買ったりしてた時期のほうが少ないね。大学に入った直後のほんの数年だけだぜ。なにせ、当時はお前のファッション・チェックがうるさかったからな！
田中――あの頃はDCブランドブームっていうのがあったんだから、しょうがないだろ！結局、また俺の批判になってるじゃねえかよ！

太田――結婚してからは、もうカミさんが用意したものを着るだけだし。パンツや靴下、ランニングシャツなんかは、家にあるものをヨレヨレになるまで着る。そしてカミさんに怒られる。
田中――当たり前だよ！　見えないところにも少しは気をつかえ！
太田――最低限の身だしなみとして、「他人に不快感を与えない」ってのがありますよね。わかってるんだけど、それすら、めんどくさいこともあるんだよね。
田中――ダメだろ！　それじゃ！
太田――だって、俺はほかにやることがいっぱいあるんだもん。ファッションとか見た目を気にしてる時間がもったいないと思っちゃうんだよ。なんかさ、そういうことばっかり考えてる男もいるじゃん。どうしたらカッコよく見えるかみたいな。最悪だよね、そういうのは。
田中――若い頃はだれでもそういう時期はあるとは思うけどね。
太田――男はふつうの格好で十分だよ。プロ野球の新規参入問題が騒がれた頃、ライブドアの堀江社長が、黒いTシャツばっかり着てて批判されたじゃん。
田中――フォーマルな場では、「スーツを着るべきだ」って。

太田——そこで、変に意地を張ってTシャツを着つづけずに、素直にスーツを着たよね。

田中——たしかにそうだよね。「黒いTシャツが僕のアイデンティティですから」とは言わなかった。

太田——まじめな話し合いの場で、みんながネクタイを着用してるときには、スーツにネクタイがいいんじゃないかっていうね。つまり、ふつうの格好でいいってのは、そういう時と場合に応じた服装ってことだよ。

田中——でも、龍馬の場合はどうなんだよ。主張だとはいえ、あきらかに奇抜なファッションだったわけだろ。

太田——……そこは、新しもの好きってだけですよ。いわば好奇心なんだもん。しょうがないよ。

田中——なんか納得いかないような気もするな。

太田——龍馬は、ブーツだなんだってことがクローズアップされてるけど、西郷隆盛の家に泊まったときに「一番古いふんどしでいいから貸して」と言ったというエピソードもあるんだぜ。

田中——「古かろうが新しかろうが、ふんどしはふんどしだ、気にしないよ」ってことか。

太田——そういう龍馬に比べると、新選組は、もう形から入ってるとしか思えない部分もあるんだよ。おおむね農民出身だから、侍になれたことがうれしくってしょうがない感じでさ。土方歳三《ひじかたとしぞう》なんかはナルシストだから、もうカッコばっかりつけちゃってるしさ。みんなで揃いの服を着たり、組内で写真[*7]がブームになったりね。（※注釈は229ページ）

田中——男のファッションに関しての意見はわかったけど、じゃ、女はどうなの？

太田——そうだね。女性については「頑張ってください」としか言えません。

田中——なんだよ、それ。

太田——いや、ほら、女性の場合、そこは最大のポイントじゃん。いかに美しく見せるかっていう。女性の魅力は、男にはない美しさにあるんだから。

田中——なんか、お前らしくない意見だぞ。

太田——ただ、地味ぃな感じのいわゆるブスが、必要以上に着飾ってるのを見ると腹が立つけどね。「まだ自分をあきらめてないのか！」っていう。お前と同じだな。

田中——結局そうなるのかよ！　俺のことはほっとけ！

爆笑問題の食事問題

太田――龍馬の場合、実家の才谷屋が商売をしてお金持ちだったから、食に関していうなら小さい頃からぜいたくをしていたらしいね。
田中――武士でも、よっぽど身分が高くなければ質素な食事をしていた時代だろ。
太田――そんな時代でも、坂本家では、魚は片側だけしか食べなかったらしいよ。
田中――ほんとかよ。
太田――事実、うどんも片側しか食べていなかったと、ものの本には記されている。
田中――ウソつけ！　麺類の片側ってのはどっちだよ！
太田――ピザも全部は食べなかったらしい。裏返して具がのってないサイドだけを食べた。
田中――言ってる意味がわかんねえよ！
太田――ていうか、当時、ピザなんて存在しなかったはずなのにね。
田中――お前が言い出した話じゃねえかよ！

太田――たとえばお菓子なんかも、かならず紅白2種を用意してたらしい。
田中――そういうのは、礼儀作法の問題かもしれないけど、ま、相当の金持ちだったんだろうね。
太田――太田家の場合も、当然、お菓子は紅白でしたね。ときには歌合戦まで用意してました。
田中――つまんねえこと言ってんじゃねえよ！
太田――幕末期の庶民の食生活なんて、ひどいもんだろ。コンビニもさほどないわけだし。
田中――1軒もねえよ！
太田――それでも、江戸市中はわりと豊かなほうだったのかな。握り鮨は安価なファストフードだなんて話もよく聞くじゃん。江戸では、鮨もそばも屋台で気軽に食べられたんだからね。
田中――一般的には江戸時代の中期頃までは1日2食だったっていうじゃん。一汁一菜の質素な食事っていう。
太田――みそ汁と漬け物とご飯っていうね。うん、俺は、ふだんほとんど食事をしないから、そういう生活でも、ぜんぜん構わないね。むしろ1日2食じゃ多いぐらいだよ。

田中――んなわけねえだろ！　お前だって、ある程度は食べてるじゃねえか！

太田――いやいや、こないだなんか、気づいたら丸2日なんにも食ってなかったんだぜ。

田中――なんで2日間も気づかないんだよ！

太田――だって、ふつうに仕事してたから。

田中――そういう問題じゃねえよ！　食べものなら楽屋の弁当があっただろ！

太田――ま、そうなんだけど、べつにお腹も空かなかったから。ただ、面白いのは、ときどき発作に近い感じで、無性《むしょう》に腹が減るときがあるんだよね。

田中――それだけ食わないでいたら、当たり前だ！

太田――体が求めるんだろうね。「これ以上、食べないでいるとやばいです、はやく栄養を取ってください」という感じで。もう汗がだらだら出てきて、震えが止まらなくなって、足がガクガクして。

田中――〝発作に近い〟じゃなくて、発作そのものだよ！

太田――食わないでいると、そうなるってわけじゃないんだから不思議だよね。お昼ご飯食べたのに、夕方、突然ガクガクするときもあるんだよ。面白いねぇ、人体って。

田中――いいから、食えよ！

太田――だから、食うときはめちゃめちゃ食いますよ。いわゆるドカ食い。米2升にみそ汁10杯はいくね。

田中――そんなんじゃ、お前いつか体壊すぞ！

太田――だってさ、体が求めるとかのきっかけがないと、食わなくなっちゃってるんだもん。ときどきマネージャーが「太田さん、お食事は？」みたいなことを聞いてくれれば、「ああ、そうか、食事という行為もあったんだな」って思い出せるからいいんだけどさ。

田中――食事までマネージメントされなきゃダメなのか！

太田――うるせえな、こっちはお前と違って、やりたいことがいっぱいあるんだよ。なんでもかんでもむしゃむしゃ食いやがってよ！　口を開けば「今日は何を食べようか」しか言わないお前と一緒にするな！

田中――また、俺批判かよ！　俺だってそこまで食いしんぼじゃねえよ！

太田――いつだったか、当日のスケジュールを聞いて、すげえタイトだったときに、お前「それで、いつメシ食うんだ！」って怒鳴りつけたじゃん。

田中――そんなことあったか？

太田――あったよ。逆に、移動中に時間が空いたら「そばでも食う?」みたいな電話してきてさ。

田中――同じスケジュールで時間が空いたんだから、誘うのがふつうだろ!

太田――しかも、そばはどこどこのがいいとか、ラーメンはどこどこのがうまい、どこどこのは味が落ちたとか、うるさいしさ。

田中――べつにそこまでこだわってないよ。でも、同じ食うならうまいもんのほうがいいじゃん。

太田――ま、それはわからないでもないけどね。俺は牛丼だろうが、カップ麺だろうが、ふつうに食べるし、出された料理がまずかったとしても文句は言わない。

田中――ま、よっぽどじゃなきゃ、俺も食うけどさ。

太田――そうだね、「こんなもん食えるか!」ってちゃぶ台ひっくり返したことはない。

田中――当たり前だ! ふつうやんないよ!

太田――出されたみそ汁に「ママの味と違う」って言ったことはない。

田中――いつから、マザコンになったんだよ!

太田――食事とは違うけど、タバコにしたって、俺はかなり我慢できるよ。ていうか我慢してるっていう感覚はないね。飛行機の中でも「禁煙ですか、ああ、そうですか」ってなもんだし。

田中――テレビ番組収録中は当然吸えないいんだけど、お前、ぜんぜんつらそうじゃないもんな。

太田――そこは体が慣れてるんだろうね。ただし「休憩です」ってなったら、ものすごく吸うね。15分の休憩で、そうだな200本は吸うかな。

田中――んなわけねえだろ！　だったら、メシ食え！

幕末日本の歩き方

太田――単純に移動を考えるだけでも、現代と幕末じゃ大きな違いがあるよな。

田中――交通機関がないんだからね。歩くのが基本で、あとは馬とか駕籠《かご》になるわけだろ。

太田――そうだね。駕籠ちゃんか、もしくは辻《つじ》ちゃんになる。

田中――〝ちゃん〟をつけると別の意味になっちゃうだろ！

太田――江戸の市中は運河*8づたいに舟があったし、東廻《まわ》りとか西廻りとか大きな船のルートもあったんだけど、当時の移動の基本はやっぱり歩きなんだよな。

田中――そういう環境のなか、龍馬は土佐から江戸へ、江戸から京都だ長崎だって移動を繰りかえしてるわけじゃん。それだけでもすごいよなって思うよ。

太田――お前は、ふだん歩かない生活だもんな。現代のセレブ気取りでよ。

田中――そんなことねえよ。今は自動車での移動が基本だけど、ちょこちょこ自転車に乗ったりもしてるもん。

太田――その点、俺なんかはすごいよ。歩くの好きだもん。

田中――ウソつけ！　お前だって、マネージャーの運転する車で移動してるじゃねえかよ！　後部座席で寝っころがって本読んでるだけでよ！

太田――休みの日には、外も歩きますよ。阿佐ヶ谷の駅ぐらいまで。

田中――近すぎだよ！

太田――ただね、けっして俺が方向オンチだってことではなくて、「今自分がどこにいるのか」「どっちに向かえばいいのか」がときどきわからなくなるんだよね。あれはなんなんだろう。

田中――家の近所で迷ってんのかよ！　思いっきり方向オンチじゃねえか！

太田――そう考えると、幕末は楽で便利だよね。東海道なら京都まで一本道だから迷うことはない。

田中――ひたすら歩いて、江戸から京都まで1ヶ月もかかるんだよ！　楽じゃねえだろ！

太田――いいじゃん、そうやって、ひたすら歩く旅も。

田中――そんなことねえよ。相当な重労働じゃねえか。

太田――でも、歩くのもさ、慣れるといいもんなんじゃないか。

田中――今注目されてる「ナンバ走法」っていうのがあるじゃん。同じ側の足と手を同時に出すやつ。

太田――はいはいはいはい。歩くとき、右足が前のときに右手も前で、さらに右肺も右の腎臓も若干前に出すって歩き方ね。

田中――ふたつあるやつを全部出さなくたっていいんだよ！　そもそも肺はどうやって出すっていうんだ！

太田――「気持、前へ」って感じ。

田中――言ってる意味がわかんねえよ！

太田——「体幹部分をねじらない歩き方のほうが疲れにくい」っていう考えな。昔の日本人はそうやって長距離を歩いてたっていう。

田中——そうそう。たかだか100年ちょっとで歩き方も変わるんだって思うと、すごく不思議だよな。

太田——そんなことないよ。俺も家の中では、ナンバ走法だぜ。トイレ行くときとか台所行くときとか。

田中——それぐらいは、ふつうに歩け！

太田——結局、俺はものすごく旅好きなんだろうね。特にひとり旅が好きだし。うん、旅に行くなら、絶対ひとりがいいね。

田中——そうかぁ？　お前、旅好きだったたっけ？　旅に行ってきたなんて話を聞いたことないぜ。

太田——行きましたよ、高校生の頃に1回。

田中——何十年前の話だよ！

太田——だって、今は仕事があるし、カミさんもいるから行かないけど、時間があれば行きたいとつねづね思ってるし。

田中――そんなんだったら、俺だって旅好きだよ！

太田――とはいえ、海外には興味がないんだよ。

田中――なんでだよ。

太田――なんか怖いじゃん。言葉も通じないし。現地の生活スタイルにも合わなさそうだし。

田中――それが旅の醍醐味《だいごみ》じゃねえのかよ！　異文化と接する楽しみだってあるだろ！

今よりも濃い人生

太田――幕末と現代を比較しようとしたとき、忘れちゃならないのは、旧暦は古い暦だってことなんだよ。

田中――そりゃ、そうだろうな。

太田――明治6年より前は、太陰暦《たいいんれき》*9なんだぜ。

田中――しつこいよ！　今の暦である太陽暦とは1ヶ月ちょいの差があることぐらいわかってるよ！

太田――じゃあさ、日曜日の概念がなかったのはわかるよな。

田中――……あ、そうか。安息日としての日曜日って、思いっきりキリスト教とかの考えだもんな。

太田――そうだよ。だから、幕末は月月火水木金金の生活サイクルで動いてた。

田中――時代ずれちゃってるだろ！　昭和の軍隊の話じゃねえか！

太田――だけど単純に不思議だろ。1週間とか曜日の概念がないのに、どうやって休みを取っていたんだろうって。

田中――ま、そうだね。

太田――寄席《よせ》なんかは今でもそうだけど、基本は10日単位で考えてたんだってさ。

田中――10日働いたら、次の10日は休むってこと？

太田――とはいえ、そうそう休むやつはいない。

田中――どっちなんだよ！

太田――武士なんかは、もっと長いスパンでさ。「月番と非番」という考えだから、1ヶ月間休みなく働いて、あとは無役《むやく》になって休む。

田中――なるほどね、警察なんかは今でも休みのことを「非番」っていうもんな。

太田――庶民レベルだと、月末に1日だけ休日があって、ま、晦日《みそか》が休みっていう感覚かな。あとは盆暮れ正月ぐらいしか休みはなかったんだって。

田中――きついっちゃきついけど、ま、慣れちゃえばそんなもんか。毎日の暮らしだって、暗くなったら寝る生活だったんだから、労働時間短いわけだし。

太田――そのほかにも勤続ボーナスみたいな形で、10年勤めたら、ごほうびとして大山参りや、成田山参りに行けるみたいなシステムもあったらしい。

田中――今でいうリフレッシュ休暇みたいなもんね。

太田――あとは、たとえば「五のつく日」が祭礼というように、10日単位で特別な日があったり、十干十二支《じっかんじゅうにし》*10のそれぞれの日で何かをしたり。

田中――なるほどね。酉《とり》の市は、11月の「酉の日」に行われるんだもんな。

太田――だから、テレビのレギュラーとか難しいよな。「二のつく日」にあれやって、「寅の日」にこれやって、「寅さんの日」は休みみたいなさ。

田中――十二支に寅さんは関係ねえだろ！

太田――つらいよなぁ、男は。

田中――うるせえよ！

太田――月番非番もいいけど、月ごとに差がありすぎるのも困るんじゃないの。
田中――そうは言っても、非番だからといって、すげえ暇だってわけじゃないだろ。
太田――やることはいっぱいありそうだもんな。刀を出して、耳かき[*11]の反対側みたいのでポンポン叩いたりね。
田中――……ま、そういうのもあるだろうし。それこそ、剣術のけいこだって、ある程度の勉強だってしなきゃならないだろうし。
太田――文化[*12]活動的なものもあったらしいからね。今でいうサークル活動に近い形で、書道や絵を学んだり。
田中――俳句や短歌なんかもやってたんだろうね。
太田――ま、俺は休みが欲しいとはあんまり思わないからな。週1なり週2で、きちんきちんと休日を必要とするタイプじゃない。
田中――タイプでいうなら、俺もそうだよ。今でも2週間に2～3日ぐらいのペースでオフがあるけど、それで十分だよ。
太田――当時の感覚でいうと、ま、人生50年だったわけだろ。勝海舟のように長生きする人もいたんだろうけど、今みたいに寿命が長くはない。

田中——現代じゃ、政治家なんか50歳、60歳でもヒヨッコだもんな。

太田——そう考えるとさ、江戸時代から幕末なんてのは、みんながみんなギュッと凝縮されて生きてたんじゃないのかな。

田中——週休2日で休みをとって、ゆるやかに生きるのは、人生80年だからこそできるってことね。

太田——休みなく働くのはそういうことだと思う。人生50年で考えると、30歳を過ぎたら、あせるよ。

田中——残りの人生を意識するとそうなるだろうね。

太田——龍馬が33歳で殺されたといっても、ものすごい若死にってわけでもない。志なかばとはいえ、かなり凝縮された人生だったとも考えられるね。

田中——なるほどね。

太田——お前みたいに、薄まって拡散した人生で100歳まで生きたってしょうがないよ。

田中——ほっとけよ！

＊7―新選組だけではなく、龍馬も好きだったもよう。当時の人間としては多くの写真が残っている。
＊8―大川（墨田川）をのぞけばほとんどが人工的な手が入った川のため、川舟を利用しての移動もあった。また、大坂も運河が張りめぐらされており、江戸の「八百八町」に対抗して「八百八橋」と言われていた。
＊9―月の満ち欠けをもとに作られた暦。現在は、イスラム暦でも使われる。太陽暦に比べて約1ヶ月の差（陰暦のほうが遅い）がある。
＊10―甲乙丙丁などの十干に十二支を組み合わたもので60種類ある。これを年・月・日に当てた。
＊11―湿気が多い日本では、月に一度ぐらいのペースで刀に打ち粉（砥石の粉）をつけ油を塗らないとさびてしまう。ポンポンは「打ち粉入」と呼ばれる。
＊12―旗本は暇とされ、趣味として、盆栽や金魚などの品種改良などにいそしみ、ある意味文化を発展させたとされる。「旗本の道楽」。

幕末用誤辞典

【写真】しゃしん

写真機で写して焼き付けられた印画のこと。19世紀のフランスで実用化された写真技術は、すぐに日本にも輸入され、幕末期には上野彦馬が長崎に写真館を開いた。龍馬が写っている写真は上野彦馬撮影で数枚あるとされるが、そのほかに「恥ずかしい写真」もあるらしい。３枚５０００円。希望者にはお分けします。

【屋台】やたい

移動のできる屋根の付いた売り台。道ばたなどで商品を売る。江戸の町には「二八そば」と呼ばれるそばの屋台、握り鮨、てんぷらなどの食品から、風鈴、金魚などの屋台があったとされる。現代でも、屋台の鮨屋をやったら流行るかもしれない。

【一汁一菜】いちじゅういっさい

粗食のたとえ。汁物ひとつに1品の菜（副食物）の食事。正式な武家礼法である本膳料理では、汁物ひとつに、なます（和え物または酢物）、平（煮物）、焼き物の「一汁三菜」を基本とする。これに坪、猪口（ちょく）を加えた「一汁五菜」など、最高で「三汁十五菜」まである。フルコースだね。

【長屋】ながや

ひとつの建物に何世帯も住む共同住宅。いわば江戸時代のマンションか。高層建築技術はなかったので、主に平屋か二階建て。文字通り長く、最長の物は長さ１２０キロメートルにわたり人工衛星からも確認できたという。

【行灯、行燈】あんどん

木枠に紙を貼り、中に油皿を入れ、灯火にする道具。明るさは１ワットか２ワット程度だった。原理を発明したのはエジソンで、油には日本の京都の化け猫が使われた。以来、エジソンは「ふだんはボーっとして、まるで昼行灯だな」と言われた。

【ブーツ、Boots】ぶーつ

長靴、深靴のこと。新しもの好きな龍馬は、編み上げ式の軍靴、安全靴、厚底ブーツ、先のとんがった凶器シューズなどを所有していた。

【駕籠】かご

乗り物の一種。身分や階級、用途に応じて種類は豊富。江戸市中は、水路が発達していたため、川舟も庶民の足であった。ちなみに、神様の乗る駕籠を探しても、なかなか見つからないため民衆はよく祈る。「神のゴカゴがありますように」。

【東廻り、西廻り】ひがしまわり・にしまわり

江戸時代、東北地方太平洋沿岸の港から千葉県の銚子に至る海路が東廻り航路。銚子から江戸までは川舟で米などを運んだ。逆に、日本海、下関海峡、瀬戸内海を通って大坂へ至る海路が西廻り航路。他に、アンカレッジ経由でヨーロッパを通過してやってくる北廻り航路もあったらしい。

【大山参り】おおやままいり

現在の神奈川県中部にある大山阿夫利神社に白衣振鈴のスタイルで参詣する行事。江戸中期、宝暦年間から庶民のあいだで流行した。御利益として「やせる」「足腰が強くなる」など。同じような行事で千葉県にある成田山参りも流行していた。

第八章

妻・おりょうへの手紙

命を救った面白き女

画・太田光

妻・おりょう

1841年（天保12年）、京都の町医者の長女として生まれた楢崎龍（ならさき・りょう）。性格は勝ち気で、行動力もある。実家が破産し家族がちりぢりになった際には妹を救うために単身遊郭へ乗り込み、また、龍馬が寺田屋で暗殺未遂にあった際にも、風呂場で異変を察知し、セミヌード姿のまま龍馬に知らせた。

1866年（慶応2年）2月頃、坂本龍馬の妻となり、薩摩へ「日本で初めての新婚旅行」に行った。

龍馬暗殺後は土佐の坂本家に身を寄せるが、のち江戸へ出て、1875年（明治8年）に神奈川県横須賀市の商人と再婚。1906年（明治39年）、66歳の生涯を終える。

現存するおりょう宛の手紙は1通のみ。

前半部は長崎の龍馬が下関にいるおりょうに「いろは丸事件」などの近況報告。おりょう宛に現存する1通。

おりょう宛　慶応三年（一八六七年）五月二十八日

その後はきっと、ご心配されていることと察します。

さて、先日から、たびたび紀州の奉行、また船将などと交渉しているが、なにぶん女のいい抜けのような感じじゃ。

たびたび追求したところ、この頃は「病気だ」といって、会わないようになってきよったが、後藤象二郎とふたりで紀州の奉行へ出かけ、存分にやっつけたので、だんだんに議論が始まった。

昨夜、今井*1、中島、小田小太郎などがきて、えらい剣幕でまくしたてて、夜九ツ過*2ぎに帰った。昨日の朝は、わしが紀州の船将に会って、存分に論じ、また後藤象二郎が紀州の奉行に行き、やかましくやっつけたので、もうもう紀州も今朝はたまらんということになったものと見えて、薩州へ頼みに行って、「どうでもして、ことわりをしてくれ」とのことじゃ。

薩州からは「イロハ丸の船代、荷物の代を払いますので、許してやってください」と言ってきたけれども、わしは「それはそれでよろしいけれども、土佐の侍を鞆《とも》の港に捨て置いて、長崎へ出たことは簡単には、すますことはできん」と。

この件については紀州から「主人・土佐守へごあいさつをさせていただきます」と言ってきた。このことは、また決裂して一戦することになっても、後藤象二郎とともにやり、つまりは土佐の軍艦をもってやっつけるので、どうかどうかご安心くださいますように。先ずは早々かしこ。

五月二十八日夕　　龍

鞆殿

なお、先頃、土佐の蒸気船・夕顔という船が大坂から来て、そのついでに、ご隠居様から、後藤象二郎に「早々に上京しなさい」と指示があったとのこと。わしも「上京してくれ」と、象二郎が言っているので、紀州の船の件がかたづけば上京する。

この度の上京は、誠に楽しみ。しかし、右のようなことだから、下の関へ寄ることができないかもしれん。

京には三十日ほどおったら、すぐ長崎へ象二郎ともども帰るので、その時は、かならずかならず下関にも、ちょっとだけでも帰るから、お待ちください。

○面白い話がある。お竹に話してほしい。直次はこの頃、黒沢直次郎[*6]と名乗ってる。今日、紀州船将・高柳楠之助《くすのすけ》方へ、わしから（直次郎を使いにして）手紙を届けた。取り次ぎの者が言うには、「高柳は昨日から留守なので、夕方、来るように」とのことじゃった。

そこで直次郎は、えらく腹を立てた。「この直次郎、昨夜九ツ時頃、ここに来た時は、高柳先生はいらっしゃいました。それを『昨日から留守』とは、直次郎、聞き捨てなりません」。とうとう紀州の奉行がわしまで手紙を寄越して、直次郎には詫びを入れた。実に愉快なことじゃや。　かしこかしこ

この度、小曽清三郎[*7]が曽根拙蔵と名を変えて、やってきた。おそらく九三[*8]の家に泊まるじゃろうが、まずまず知らない人としておくのがいい。九三にも、家内（九三の家の者）にも、お竹にも、知らない人とするように。後藤象二郎が手配していた。か

しこかしこ

＊1―今井は長岡謙吉、中島は中島信行、小田小太郎は吉井源馬の変名。それぞれ海援隊士。
＊2―夜12時のこと。
＊3―藩主・山内豊範（とよのり）のこと。
＊4―鞆とは、おりょうのこと。妻の身の安全を考え、いろは丸事件で海援隊士が上陸した鞆の浦の港にかけて、わざと偽名を使用したのか。
＊5―前藩主・山内容堂（ようどう）。藩の実権は隠居後も握っていた。
＊6―楢崎太郎のこと。おりょうの弟で海援隊に所属していたとされる。
＊7―小曽根清三郎のこと。長崎の豪商、小曽根家の次男。海援隊の支援をしていた。前年に弟の小曽根英四郎が幕府に拘留されたため変名を使った。
＊8―伊藤助太夫のこと。やはり変名を使い幕府の目を気にしている。

幕末も今も、女は強し

太田——結婚相手となるおりょうについて、龍馬は乙女にも手紙でこと細かに伝えてるんだよね。たしか、書き出しは「姉さん、事件です。こんな面白い女がいます」だったかな。

田中——『HOTEL』の高嶋政伸じゃねえんだよ！

太田——乙女にお伺《うかが》いをたてて る感じだね。いや、明らかにどう判断するのか気にしてる。出会った経緯とか、おりょうの持ってるエピソードとか全部を書いてるんだよ。

田中——でも、乙女は龍馬の保護者的な面もあったじゃん。母親を早く亡くした龍馬にとっての母親代わりだったんだから、そうなるのも自然だよ。

太田——「姉さんの帯か着物をおりょうに贈ってもらえないか」とも書いててね。可哀想に、それまでおりょうは裸で過ごしてたんだね。

田中——そうじゃねえだろ！　遠回しに結婚の許しを得てるんだよ！

太田——ちょっと待って、なんでそれが結婚につながるわけ？

田中――帯や着物には坂本家の家紋が入ってるわけだから、つまりおりょうを坂本家に入れてくれってことじゃん。

太田――ああ、なるほどね。だったら、俺も今度、オヤジのブリーフをカミさんに贈ってもらおうかな。

田中――ブリーフに家紋は入ってねえし、いまさら結婚の許しはいらねえだろ!

太田――でも、このおりょうってのがさ、ほんと面白い女なんだよ。乙女とか千葉佐那《さな》も勝ち気で男まさりだけど、それよりすごくてね。京都の医者の娘として育ったから学もあるし、だまされて売られた妹を助けに単身やくざのもとに乗り込む度胸もあるっていう女。

田中――それは、ほんとにすごいな。

太田――また、そういう女に惚《ほ》れる龍馬もすごいんだよ。当時は思いっきり男尊女卑《だんそんじょひ》の社会だったわけだろ。そういう時代なのに龍馬は、きちんと女性を認めてたんだよね。むしろ女性にはかなわないとまで思ってるという感じ。

田中――それは、乙女の影響もあるだろうし、自《みずか》ら考える「みんなが自由な世の中」的な考えに通じるところもあるのかな。

太田――ま、そうだろうね。「女のくせに」「女だてらに」っていう女性蔑視《べっし》があんまりないから、ちゃんと意見も聞くだろうし、頭っから否定しない。

田中――いわば、フェミニストのはしりね。

太田――単なるフェミニストとも違って、純粋に生物・種としての女性を尊敬してたんだと思うよ。だってさ、やっぱり女は強いもん。生きるということに関しては、圧倒的に女のほうが上だと思うよ。

田中――そのへんは、俺もわかる気がするね。

太田――ほら、俺なんかも「女は三歩下がって男をたてろ」っていうタイプに思われがちじゃん。でも、実はそうじゃないからね。俺も龍馬も器がでかいからさ、女性をちゃんと認めてるというか、女にはかなわないというか、ずばりカミさんにはかなわないというか。……こないだも負けました。

田中――かなわないのかよ！　器でかくねえよ！

太田――あと、手紙にも書いてるけど、龍馬がおりょうに惚れたのは、名前が同じだってのもあってね。

田中――おりょうは「お龍」だからね。

太田——龍馬とお龍で、うちも光に光代だから、そのへんからも器の大きさが感じられますね。
田中——名前と器量は関係ねえだろ！

田中の「告白」

太田——龍馬とおりょうの関係って、どうなんだろうね。言葉として安っぽいんだけど、俺は愛妻家だったと思うね。
田中——新婚旅行へ行ったときの手紙からは、本当に楽しそうな気持が伝わってくるよな。
太田——あと、おりょうのことを本当に心から好きだったってのもあるよね。
田中——ま、そりゃそうだよな。
太田——「妻をよろしく」[*9]みたいなことを手紙にも書いてるけど、あの時代にふつうはそんなこと書かないだろ。（※注釈は265ページ）
田中——まあな。男尊女卑の世の中だったんだからね。

太田――結局、龍馬とおりょうが一緒[*10]に暮らしていた時期なんて、ごくわずかなんだぜ。龍馬はあちこち走り回ってるから、いわば遠距離恋愛みたいなもんだろ。

田中――近江屋で龍馬が殺されたときも、おりょうは下関だったからね。

太田――龍馬は、日本で初めて「新婚旅行をした男」だけではなく「初めて遠距離恋愛をした男」でもあるね。

田中――いや、ちょっと待てよ。参勤交代があったから、大名にとっては1年置きの遠恋みたいなもんじゃないのか。

太田――……さらに、龍馬は日本で初めて「週末婚をした男」でもある。

田中――んなわけねえだろ！　ごまかしてんじゃねえよ！

太田――ま、でも龍馬とおりょうは恋愛結婚じゃん。離れて暮らしてたら、想いが募るよ。

田中――純愛みたいなことね。

太田――いやいやいや、そんな、いまどきのニセ純愛ブームなんかより、はるかに上だぜ。なにせ、ふたりとも生死がかかってるわけだろ。

田中――それでいったら、いまどきの純愛ものだって片っぽは死んじゃったりするぜ。

太田——だったら、お前が片っぽ死ぬぐらいの恋をしてみろよ。
田中——いまさらできねえし！　そこは龍馬と関係ねえだろ！
太田——ていうか、お前、本当の恋愛をしたことあるの？　燃えるような恋をしたことあるの？
田中——いや、そこまでの恋はないと思うけど……。
太田——自分から告白したことなんかないだろ。
田中——それぐらいあるよ。高校の後輩の女の子に2回告白して2度ともフラレた。
太田——はいはいはい。高校の放送部の後輩ね。
田中——最初は高3の秋だね。「どうやら彼氏ができたらしい」っていう噂を聞きつけてさ、前から気になってたから、あわてて告白したんだよ。
太田——そのタイミングで告白する意味がわかんねえよ。
田中——いわば、確認をとるつもりで聞いたら、やっぱり「彼氏がいる」って言ったんだよ。で、俺は「いつか彼氏を超えてやる」って言いながら、走ってその場から逃げた。泣いたね。
太田——なにが泣いただよ、カッコ悪すぎだよな。

田中――今度は大学に入ってから、2度目の告白をしたんだよ。前の彼氏と別れたって聞いたからさ、呼び出して新宿でデートをしてね。

太田――だからさ、なんで全部聞きつけてから行動するんだよ。それがカッコ悪いって言ってんだよ。

田中――何言ってんだよ、2度目のときはお前にそそのかされて告白したんだろ！

太田――そうだっけ？

田中――「ずっと好きなら告白すべきだ」みたいなこと言っただろ！

太田――そういや、そうだったかなぁ。

田中――映画を見たあと、西新宿の高層ビルのところで告白したら、「先輩のことは友達としてしか見られない」って笑われたんだよ。

太田――そして、泣きながらお前は俺のところへ報告に来たんだよな。

田中――そうだよ、お前がそそのかすから、傷つかないでもいいところで傷ついたんだよ！　その後輩に「お前変わったよな」って言ったら「そりゃ変わりますとも」って返されたんだからな！

太田――漫才の技量でも負けたってことね。その子は、ウマいこと言うね。

田中――ウマくもなんともねえよ！

太田――しょせん、お前の恋愛なんてそんなもんだよ。龍馬と違ってラブレターのひとつも書いたことないだろ。

田中――俺もないけど、お前だってないだろ！

コンビも夫婦も○○が必要

太田――なにより龍馬はサービス精神が旺盛《おうせい》だったと思うんだよ。目の前にいる人を楽しませたい笑わせたいっていう感覚はだれしもが持っているんだけど、それが特に強かったんじゃないかな。

田中――こういう仕事に就《つ》いてるぐらいだから、俺もお前もそういう感覚はあるよな。

太田――いや、お前はないだろ。うん、ぜんぜんない。どこを探してもない。

田中――そこまで全否定しなくたっていいじゃねえかよ！　少しぐらいはあるよ！

太田――いいや、ない。まったくない。豊富な話題があるとか、楽しめる雰囲気を作るとか、大勢の中で会話の中心となるとか、そういうこと、まったくないじゃん。

田中――そりゃ、まぁ、たしかに率先《そっせん》して場を盛り上げるっていうタイプではないよ。でも、一応は司会やったり仕切ったりしてるじゃん。

太田――それはあくまで仕事だろ。ふだん、お前と一緒にいて「ああ、楽しいなぁ」って思ったことないもん。

田中――いまさら、お前を楽しますす必要もねえんだよ！

太田――それにしても、お前はサービス精神がなさ過ぎだぜ。

田中――たとえば、男同士でいるときなら、べつに話題がなくても平気っていう感覚はあるじゃん。

太田――いえ、逆ですのよ。愛し合ってる男女のあいだにこそ、言葉はいらないのでございますわ。

田中――なんで、おかまキャラになるんだよ！

太田――でもさ、俺は大学時代から〝話題が豊富な太田くん〟で有名だったじゃん。

田中――まあな。実際、お前はうるさいぐらいだったけどさ。でも、俺の考えとしては、たとえば友達5人で喫茶店にいるときには、だれかひとりが話題を作ればいいかなって思うんだよ。面白いネタや事件が自分にあったら、口火を切って話すだろうし。

太田——サービス精神っていうのは、会話で楽しませることでもあるじゃん。男同士だからとか、男女のあいだとか関係ないだろ。

田中——まあな。目の前にいる人を喜ばすってことだからね。

太田——だから、お前は女にモテないんだよ。

田中——恋愛がダメなことは、自分でもわかってるよ。ずいぶん昔に、あんまり好きでもない女の子とデートしたら、まったく会話がなくなったからね。

太田——雰囲気悪くなっちゃって、お前、俺んちに逃げてきたよな。

田中——なんかね、もう会話もない状況に耐えられなくなったんだよ。

太田——カミさんとだって、今じゃ会話もないわけだろ。愛すらないと思うけど。

田中——両方あるよ！

太田——仮面夫婦だって、あちこちで聞いたぜ。

田中——どこでそういう話題になってるんだよ！

太田——うちはすごいよ。かなり会話があるからね。

田中——ま、俺もカミさんと話すほうだとは思うよ。夕飯の都合もあるから、仕事が終わったときには、かならず電話するしさ。

太田――しょせんはその程度だろ。

田中――ま、基本的には、カミさんがしゃべって俺が聞くっていうパターンかな。仕事の話をしてもいいんだけど、なかなか伝えづらい面もあるじゃん。

太田――そうだね。俺も家では、仕事の話をしないかな。仕事は家庭に持ち込まない主義だから、理想のマイホームパパですよね。

田中――お前は家で原稿も書くし、スタッフとの打ち合わせをするときもあるじゃねえか！　思いっきり仕事持ち込んでるよ！

太田――年度末にはね。ほら、課長ともなると、決算だのなんだのでいろいろと判子を押さなきゃならないんですよ。

田中――いつから、お前がサラリーマンになったんだよ！　そもそも、お前んとこのカミさんが事務所の社長なんだから持ち込む以前の問題じゃねえか！

太田――うちも、カミさんが話し役で俺が聞き役なんだけど、読んだ本や雑誌のことと か、カミさんが見た夢の話とか、何を話すってこともない会話をしてるね。ただ、ほぼ毎日、話をするし、長いときは3時間でも4時間でも話しつづけるよ。

田中――他愛もない会話でも盛り上がれるってことね。

太田――でも、一番盛り上がるのが、お前に対するダメ出しかな。「今日も仕事で失敗してた」とか「大学の頃からあいつは面白い話ができなかった」とか。

田中――うるせえ！　ほっとけよ！

愛は天下の回りもの

太田――基本的にね、龍馬は恋をしていなかったんだと思う。

田中――あ、そう？　でも、おりょうとは相思相愛の仲だったわけだろ。

太田――ほら、恋愛って、回り回ってるものじゃん。

田中――は？　何言ってんの？

太田――だから、恋っていうものは回って戻ってくることがあると思う。

田中――ぜんぜん言ってる意味がわかんねえよ！

太田――ま、いいから聞けよ。龍馬の場合、好奇心が強かったんだよ。「天下国家のため」とか「倒幕」とか「世界の海援隊を作る」っていう目標なり夢があったんだろうけど、もとは何かっていうと、好奇心なんだと思う。

田中――まあな。

太田――好奇心プラス高揚《こうよう》感っていう感じかな。世の中が変わりつつあるうえに、龍馬はその先に自分のやりたいことも見えてたわけだからさ。

田中――ま、たしかに高揚感はあるかもな。

太田――そういう風にテンションが高いときに、「次の週末は彼女と遊びに行こうかな」とは思わないんじゃないのかな。自分の中で、それだけ盛り上がってるんだからさ。

田中――どうだろう。そうなるかもしれないけど、逆にテンション上がってるその勢いで「恋愛もガンガン行くぜ！」となる場合もあるじゃん。

太田――世の中には恋愛以上に楽しいこともいっぱいあるからね。しかも龍馬は、遅咲き[*11]だったわけじゃん。だからあせってた部分もあったと思うよ。「急がないと間に合わない」っていう。

田中――たしかに、愛だの恋だの言ってられないかもしれないね。

太田――とはいえ、天下国家のことを考え、世界を変えるのは「愛する人のため」ってことでもあるからね。愛はあるんだよ。

田中――どっちなんだよ！

太田――そこです！　だから回り回って、ここにつながるっていう感じ。
田中――知るかよ！　お前のトークの展開の話じゃねえか！
太田――そりゃ、龍馬だって人の子だもん、女性を好きになったりするよ。
田中――だったら、最初から「龍馬は恋してなかった」みたいな無謀《むぼう》なフリはやめろよ！
「龍馬の女性観」についてで、いいじゃねえかよ！
太田――つまり、女遊びはせずに、マジな恋愛だけだったたってことだよ。
田中――薩長の連中や、幕末の志士と呼ばれる人間たちは、けっこうそっちのほうもお盛んだったらしいからね。
太田――そりゃ、龍馬もつきあいでそういうところ[*12]にも行くだろうけどさ、本望じゃなかったっていうか。そういうことにウツツを抜かしてられなかったたって。
田中――まあな。やりたいことがいっぱいあるのにってことね。
太田――芸人でもいるじゃん。ちょっと売れたら、女に走るみたいな。なんだよ、それが目的だったのかよって思うもん。
田中――それはそれでいいじゃねえかよ。そのために頑張るってことなんだからさ。
太田――「お金を稼いで、いい女を抱いて」というのは、ひとつの目標としてはいいけどさ、龍馬はそんなんじゃないよってことね。
田中――でも、実際、龍馬はモテたんじゃないか。
太田――そりゃそうだよ。男から見たって、カッコいいわけじゃん。スケールもでかいんだしさ、俺は。
田中――お前の話じゃねえよ！　龍馬の話だ！
太田――たとえばさ、幕末期の江戸市中は、男女の比率が2対1だったっていう話もあるんだよ。もう、圧倒的に女が少ない。そういう事情もあってか、結婚できる男が半分だけなんだってね。可哀想な田中。
田中――なんで、そこに俺が出てくるんだよ！　俺だって結婚してるよ！
太田――家父長制度もあっただろうから、武士だろうが商人だろうが、跡取りである嫡《ちゃく》子《し》以外は一生独身で終わるなんて話も多かったらしい。
田中――今の時代と違って女性の社会進出は少ないからね。知り合うきっかけもなかったんだろうね。
太田――現代と違って恋愛結婚は少なかったんだろうけど、ただ、まわりがいろいろと世話をしたからね。長屋の大家さんなんかは、部屋を借りてる人の結婚まで面倒を見てたから、全然できなかったわけでもない。

田中――「大家といえば親も同然」みたいなね。長屋は疑似家族というか、ひとつの共同体だから、冠婚葬祭を含めた生活全般を大家が仕切ってたんだよな。

太田――そうそう。なかには家賃の面倒まで見てくれる大家もいてね。大家自ら大家のところに家賃を持ってって……。

田中――おかしいじゃねえか！　そんなのありえねえだろ！

純粋であるということ

太田――俺が思うに、龍馬は非常に純粋な男だったんじゃないかな。

田中――言いたいことはわかるよ。ていうか、ま、たいていの人は龍馬のことをそんな感じに思ってんだろ。龍馬を論じるキーワードとしては、「自由」とか「型破り」とか「純粋」みたいなイメージだし。

太田――天下国家のために活動することって、実はものすごい欲望なわけじゃん。

田中――……ま、たしかにそういう側面はあるよな。「人の上に立ちたい」「自分が天下を取りたい」っていうのは欲望だとも言える。

太田――龍馬にはそういう邪念《じゃねん》がなかったんだと思う。船を使った「世界の海援隊」をやりたいっていうだけだったんだからさ。

田中――天下国家を考えたのも、自由に世界を行き来できる世の中にしたいからってことだもんな。

太田――だから、女性に関しても、純粋だったんだろうな。

田中――どうなんだろう。今の時代と比べると、まぁ「奥手」だとも言えるし。

太田――龍馬も、まったく欲望がなかったとは言い切れないけど、それが少なかったんだよね。

田中――だろうな。

太田――俺もさ、つねづねそうありたいと思うんだよね。欲を持たずに生きることへの憧《あこが》れがある。うん、憧れというより、そうなることを強く欲してるね。

田中――矛盾してるじゃねえかよ！　欲を持たなくなることを強く求めちゃおかしいだろ！

太田――まあね。純粋に生きられる人物になりたいけどなれないのが、俺やお前を含めて大多数だけどな。

田中――しょうがないよね。そういう欲求や欲望がなくなったら、生きていけなくなっちゃう。

太田――高校の頃ね、ま、友達もいない3年間を送っていたんだけどさ、ひとりで考えちゃうからか、すごく悩んだんだよね。一番ひどいときには、見るとか聞くとか五感のすべてがぼんやりしちゃってね。視界が白黒というかセピアになって、食べものの味すらわからない。

田中――……悩むのが若さなんだろうけど、そこまで行くとキツイよな。

太田――それまでは、ふつうに音楽を聴いて、本を読んで、映画もたくさん見てたんだよ。友達はいなかったけど。

田中――友達いなかったのは何度も聞いて知ってるよ！

太田――なかでもチャップリンに憧れてさ。映画監督になりたいって思ったのもその頃なんだよね。友達はいなかったけど。

田中――しつこいよ！

太田――ところが、考え込んじゃってる時期には、「俺は純粋にチャップリンのような映画を作りたいのか、それとも単に名声が欲しいだけなのか」って悩んじゃってさ。

田中――欲望なのか純粋さなのかってね。ま、思春期に陥《おちい》りがちな悩みだよ。

太田――小説でもさ、太宰治を読んで素直に共感するだけじゃなくて「太宰はいいなって思える自分が好きとか、そういう俺がカッコいいからポーズで読んでるんじゃないか」とか考えちゃってね。

田中――悩みすぎて何が何だかわかんなくなっちゃったんだね。動機はどうであれ、若い頃に本を読んだり悩んだりするのは悪いことではないと、俺は思うけどさ。

太田――いろいろあって、その〝生ける屍《しかばね》〟のようなひどい時期を脱出できたんだけどね。カート・ヴォネガットの小説や古典落語、ピカソの絵とか、そういうものから「欲望でもカッコつけでもいいいんだ」「しょせん人間なんてそこまで純粋にはなれない」ということで落ち着いた。

田中――そこまで悩む時点で、ある意味すごいけどな。悩んでそこに行きつく人と、そういう悩みに気づかないままの人がいるんだしさ。

太田――そう考えると、龍馬がいかに純粋かっていうことになるんだよ。欲望を持つこともカッコつけることもふつうのことなんだって理解した視点で龍馬を見ると、ものすごく無垢《むく》だし、いやらしさを感じさせない。

田中――ふつうは、龍馬のようにすべてをスッ飛ばしては生きられないってことね。

太田――太宰なんかは、まさに俺たち側の代表じゃん。自分のことが嫌いで、悩んで悩んで考え込んじゃう。

田中――自殺未遂を繰り返したあげくに、心中しちゃったし。

太田――それでも、太宰治は悩み抜いたあげく、エンターテインメイント性にすぐれた後期の作品にたどり着いたんだけどね。

田中――きっかけが何だったかはわからないけど、他人の評価を気にしたり、自分を大きく見せようとすることから、脱出できたってことなんだろうね。

太田――作品的には明らかにそうだね。でも、俺はそこから「考えたりしても大丈夫だ」っていう勇気を与えてもらったぜ。

田中――なるほどね。

太田――比較対象として、ほぼ同時代の作家に宮沢賢治がいるんだけど、彼にも龍馬と同じような純粋さを感じるんだよ。東京の文壇での評価とかしがらみとか関係なく岩手で作品を書いてたんだからさ。

田中――純粋に書きたかったってことね。

太田――中央への憧れもあったかもしれないし、機会があれば東京に出たのかもしれないけど、賢治は田舎で学校の教師をやりながら、子どもを楽しませるためだけに童話を書きつづけた。

田中――太宰はそういうことできなさそうなタイプだもんな。

太田――だから、もし太宰が賢治の存在を知り、作品を読んでたら、愕然《がくぜん》としたはずだよ。非常に大きなショックを受けたんじゃないかと俺はにらんでるね。

田中――ってことは、つまり太宰と賢治って接点がなかったの？

太田――なかったはずだよ。だって、賢治が評価されたのは死んでからだもん。だからこそ、龍馬や賢治に俺は憧れる。そういう風にはなれないし、生きられないけどさ。

田中――お前は、龍馬のことを「天性だ」って言ってたもんな。龍馬は悩まないでそこに行き着いたのかもしれないしね。

太田――反射神経に近いのかな。遠回りしてさ、理詰めでやっとできる人間とは違う。

田中――悩んでるヒマがなかったのかもしれないけどね。

太田――いろんな分野で天才っていうのは絶対的に存在するじゃん。喜劇役者でいうなら、バスター・キートンが天才肌で、チャップリンは悩んで考えるタイプだからさ。チャップリンは考えて考えて考え抜いてやってるから、メッセージ性なんかも生まれて、逆にコメディの枠を超えちゃったりするんだけどね。キートンはもう、素晴らしく純粋に笑いだけ。単純に喜劇ってことに関していえば、キートンのほうが上だって思う。

田中――プロ野球でいえば、王貞治と長嶋茂雄みたいな感じかな。

太田――ヒエラルキーとして、天才のほうが明らかに上位だなって思っちゃうし、それはもう悲しいけど事実だろ。天才は生きてるだけで、もう考えこんでるヤツを軽々と超えちゃう。

田中――まぁ、天才と呼ばれる人間も、絶対、努力をしてるはずだけどね。

太田――ただ、忘れちゃいけないのは、悩みをどうにか克服《こくふく》するヤツ、天性で超えちゃうヤツ以外にも、実はなんにも考えない、悩みにすら気づかない人もいるからね。なぁ。

田中――「なぁ」って、なんだよ、俺のことかよ!

龍馬をめぐる女たちの後日談

太田——「龍馬をめぐる女性」という視点で考えると、おりょう以外にも何人かあげられるんだよね。

田中——剣術修行をしていた千葉道場の娘・千葉佐那《さな》とかね。

太田——ほかにも土佐の平井かほとか、伏見の船宿・寺田屋のお登勢《とせ》とかね。

田中——平井かほは幼なじみで初恋の相手だし、お登勢は年齢も離れてるから、どちらもいわゆる男女の関係にはなってないわけだろ。

太田——おそらくそうだろうけど、どの女性も複雑に絡み合っててさ、意外なところでつながってるんだよね。佐那に関しては、姉の乙女に宛てた手紙で「いわば、[*13]平井かほだと思ってください」みたいな紹介をしてる。

田中——実際、好きだったんでしょ。

太田——そこが問題でさ、たしかにお互い好きだったとは思うけど、なんていうのかな、深い恋愛関係までは進んでないのが真実だと思う。

田中――師匠の娘で、親友の妹でっていう関係は微妙だよな。
太田――実際、それは気が引けるよな。お前の好きなラブコメ漫画とかドラマとかならいいんだけどさ。
田中――俺のラブコメ好きは、この際、関係ねえだろ！
太田――いまだに想像したりするんだろ。寝坊して遅刻しそうなときに、ぶつかった女の子が転校生なんだけど、実は幼なじみで、かつ義理の妹で同居することになって、そいつテニスの全日本ジュニアで、自分はヘッドコーチみたいな。
田中――どんな設定だよ！　無理がありすぎるだろ！
太田――そんなことが現実になっても、男はいろいろ考えちゃうんだよな。佐那はお嬢様だから、江戸から引っぱり出してまで、どうこうはできないって龍馬も考えてたんじゃないかな。「俺、いろいろあるっすから、まじめに幸せに暮らしてほしいっす」みたいな。
田中――なんで、そこだけ、ホームドラマの純朴な青年風なんだよ！
太田――佐那が似てると書かれた土佐の平井かほにしたって、龍馬がもし江戸へ留学しなかったら、結ばれてた可能性はあったんだろうけどさ。
田中――剣術修行で土佐を離れただけじゃなく、脱藩もしてるからな。その時点で無理だよな。土佐の下級武士のまま、平井かほと結婚するという生活は、龍馬に似合わなさそうだしさ。

太田――かほと結ばれ、生まれた息子を凡太と名づけるような人生ね。まさに〝平凡〟な一生。

田中――息子に凡太なんて名前つけるわけねえだろ！

太田――ま、でも平井凡太は、ワイドショーのレポーターぐらいにはなれるかもな。

田中――大木凡人のつもりか！

太田――そもそも〝ふつうの家庭〟ってのが龍馬には無理だろうな。おりょうと結婚したのも、やっぱりその性格とか考え方が飛んでて面白かったからじゃん。

田中――まあな。ふつうの女じゃ無理なのかもな。

太田――佐那が維新後に「私は龍馬の婚約者だった」みたいなことを言ってたらしいんだけど、それを聞きつけたおりょうが反論してるんだよね。はっきり言えば悪口なんだけど。

田中――そのへんが、おりょうらしいってことなんだろうね。

太田――佐那が龍馬の未亡人だったってマスコミが報じたから、おりょうが「あいつは、やりマンでしょ」みたいにさ。

田中――んなわけねえだろ！

太田――いや、マジで。しかも、「龍馬は私に『佐那を俺はなんだか好かぬから取りあわなかった』と言った」とかね。

田中――ふ〜ん。でも、それは、あくまでおりょうの考えだろ。

太田――そうだね。明治の中頃に、おりょうの回想録が土佐の新聞に載って、そういったことを語ってるらしいんだよ。

田中――当時にも〝あの人は今〟的な企画があったってことなのかな。

太田――ま、そうだろうね。おりょうの記憶でしかないから、どこまでが真実かはわからないけどね。「龍馬暗殺の翌年、京都を訪れ、龍馬が自分に宛てた手紙の中の1通を記念として近江屋に渡した」とかね。

田中――1通しか現存しない、おりょう宛の手紙がそれってことね。

太田――土佐の坂本家との確執《かくしつ》は、実際にはなくて「乙女さんは優しかった」とか。

田中――ま、そのあたりもおりょうの主観だからなぁ。

太田――「龍馬が生きてたら、またあれこれ面白いこともあったでしょう」みたいなことも語ってる。

田中――……それは、何かせつないね。結局、その後の人生は「面白くなかった」って言ってるようなもんだろ。

太田――まあな。ただ、おりょうは再婚してるんだけど、その相手が寺田屋・お登勢の紹介だったらしいんだよ。

田中――お登勢は、龍馬も世話になった人だからね。まさに龍馬をめぐる女たちってとこだね。

＊9―1867年（慶応3年）5月8日、三吉慎蔵宛。

＊10―正式な結婚を1866年（慶応2年）2月とすると、龍馬の暗殺までの1年9ヶ月が、ふたりの結婚期間。つねに行動を共にしていたわけではないので、それよりは少ない。

＊11―脱藩と勝海舟との出会いが数えで28歳。思想家として天下国家のことを考えるようになったのは、この前後からだとされる。たとえば、吉田松陰が処刑時に数えで30歳だったことを考えると遅咲きといえる。

＊12―前出、佐々木を誘った手紙のようにまったく行かないわけではない。ちなみに藩のお金を使え、また藩そのものも財政的に豊かであった長州藩の人間らは、芸者遊びを好み、桂小五郎、

伊藤博文、井上馨（かおる）らは、芸者を妻にした。

＊13―1865年（慶応元年）推定8月、乙女宛。原文では「まあ、まあ、今の平井平井」。

幕末用誤辞典

【千葉佐那】ちば・さな

千葉道場、千葉定吉の実の娘。龍馬と恋仲におちてBまでいったらしい。明治以降、本人は「私は龍馬の許嫁だった」と証言。龍馬が佐那のことを書いた手紙は、2004年7月、オークションにかけられ1600万円で落札された。Bで1600万円はボッタクリ風俗店より高い。

【月琴】げっきん

妻、おりょうがたしなんだという弦楽器。ギターとは異なり、胴の部分が満月のように丸く、また琴のような音を奏でることから月琴と呼ばれた。弦は3本ないしは4本。ちなみに、おりょうは月琴を月～金で習っていたらしい。

【参勤交代】さんきんこうたい

江戸幕府が、諸大名および交代寄合（参勤交代を許された3000石以上の無役の旗本）に課した義務。原則として隔年交代で、領国から石高に応じた人数を率いて出府し、江戸の屋敷に居住して将軍の統帥下に入る。ぶっちゃけ、そうやってお金を使わせることにより、余計な力を蓄えさせない目的。若手の芸人がヒッチハイクするのと似てるかな。いや、違うな。

【家父長制度】かふちょうせいど
父系の家族制度で、家長がその家族全員に対し絶対的な支配権を持つ。課長が社員全員に支配権を持つ「課長制度」は中堅サラリーマンにとっての夢だが、あるわけない。

【嫡男】ちゃくなん
本妻の子で家督を相続するもの。または、あとつぎ。つまり、あのアメリカ人タレントもあとつぎだったということ。チャク・ウィルソンなんつって。

【大家】おおや

江戸時代の家守（ヤモリ）。転じて、貸家の持ち主。当時は、家の持ち主が大家というわけではなかった。また、単に長屋そのもの管理にとどまらず、店子（タナコ）と呼ばれる、住む人の生活全般の世話もした。オオヤ光とタナコ裕二。

【回想録】かいそうろく

千葉佐那が、1893年（明治26年）発行の婦人誌『女学雑誌』に坂本龍馬の未亡人という内容の談話を発表。これを受けてか、おりょうも1898年（明治31年）から高知の土陽新聞に回想録「千里駒後日譚」などを発表して反撃。さらにエスカレートした論争はテレビ局をも巻き込み、朝まで生テレビのテーマとしても扱われた。

第九章

心底可愛がった
幼なじみ・池《いけ》内《く》蔵《ら》太《た》の家族への手紙

画・太田光

池内蔵太《いけくらた》

1841年（天保12年）生まれ。土佐勤王党の結成に参加後、脱藩。長州藩の外国船砲撃、禁門の変などに参加したのち、亀山社中に入り活躍した。

坂本家と池家は近所で、家族ぐるみのつきあいがあり、龍馬と6歳年下の内蔵太（くらた）は、まさに幼なじみだった。

龍馬が送った手紙は、内蔵太宛1通、内蔵太の母や家族宛3通が現存。家族宛では、内蔵太脱藩の弁護や近況を伝えて気遣うとともに、故郷を懐かしむ心情を吐露している。

内蔵太の家族に「こないだ会った本人はいたって元気だ」と伝えるとともに、近所の人々の近況を尋ねた手紙。

池内蔵太の家族宛[*1]

慶応元年（一八六五年）九月九日

その時々のことは他の方からも、聞いていることと思います。先月（初五月だった）長州の下の関という所に行き、逗留したとき、蔵に久しく会わなかったので、訪ねた。

三日行程の遠い所にいるとのことで、そのままにしておいたところ、ふと蔵が他の用事でわしの宿へ来たので、互いに手をうって、「天の巡り合わせか。奇遇だ」と笑い合ったものじゃ。

この頃は、蔵も病気もなく、はなはだ達者でやりゆう[*2]。なかにも感心なことには、一向に家のことを気にしないで、終日談じたのは、ただ天下国家のことだけだった。実に意気盛んというべきじゃ。

互いに先々のことを誓いあった。「これからは、もうつまらない戦《いくさ》は起こすまい。つまらないことで死ぬまい」と互いに固く約束したもんよ。[*3]お国から出た人で、戦で命を落とした者の数は前後八十名ほどで、蔵は八、九度も戦場に出て、弾丸矢石の中をかいくぐったが、手傷はなかった。蔵が、しきりに自慢しゆう。

戦に臨んで、敵との間合いは三[*4]~四十間しかない。両方から大砲や小銃を打ち合うから、自分の持っている銃や左右の大砲の車などへ飛んで来てあたる弾丸の音が「バ[*5]チバチ」とする。

そのとき、大ていの人は敵の筒の火が見えると、地にひれ伏すそうじゃが、蔵は「これほどの近くで地に伏しても、玉の飛び方は速いので、無益なことだ」と思い、辛抱し、立ったまま指図したと自慢していた。

蔵はふだんは、やかましく、憎まれ口ばかりたたいて、うとんじられているが、戦になると人がよくなる。皆がかわいがるという話を聞いて、大笑いした。

申し上げたいことは、たくさんあるが、まずはこれまで、早々。　かしこ

九月九日　龍

池さま
杉さま[*6]

ところで、もちのおばばは元気かや。

おくばんばさんは元気かや。

平のおなんは元気かや。

ウチのぼたもちは元気かや。

あいつは、孫三郎、孫次郎を養子にするはずだったのが、さしさわりがあって、どうなってしまったのか。時々は思い出しゆう。
○あの政所の島与の次男・並馬は、戦場で人を切ることに優れ、高名だったけれども、理由があって先日、賊に囲まれ（その数二百ほどだったとのこと）、腹を切って死んだ。

このころは時々、京都に出ているので、お国へ便りを書くこともできる。

家のことがずいぶん恋しいので、皆々様の手紙が欲しい。蔵にも送ってやってください。

わしは相変わらず、つまらんことばかり言っているが、わしにとっても、大[*7]きな楽しみになっている。

あのかわのの娘は、この頃、いかがかや。あれが詠んだ月の歌は諸国の人に知られている。

かしこ

お国のことを思えば、「さて、今日は節句だ」と思い出して、木綿の糊をきかした着物などをごそごそと、女はおしろいを塗ったあごの先が、ちょうど「かいつり[*8]」の面のようで、おかしくてならん。

先日も、京都の祇園新地というところに行った。そこの芸者などは、西町の姉さんたちとは雰囲気が違う。それでも例の門田宇平の娘・下本かるも（苅藻）、「さかり三林亡」などとあだ名される、あの女でも引っ張り出せば、あのような踊りはしないだろう。阿呆が酔うたぐらいに（気合いが）違うだろう。

○時に、広瀬のばんばさんは、もう死にはすまいかと心配している。

○わしがお国の人たちを気づかうのは（お世話になった人たちを忘れられないからじゃ）、乳母のことを時々人に言っておったら、このごろは「また、乳母の話だ」と笑われるようになった。お目にかかれば、大事にしてあげてほしい。

○世の中も人の心も騒がしくなり、乱れているので、かえって静まり、（賢主の）治世のようじゃや。昔に立ち戻って、一弦琴など始められては、いかが。かしこ

○手紙を寄越されるのであれば、乙女に依頼すれば、じきに届く。この頃は頼りにできるようになっている。蔵にもかならず送ってやってください。かしこ

池さま
各女中衆
龍より
杉さま

＊1―内蔵太は、1866年（慶応2年）5月、乗組員として乗船したワイルウェフ号の事故で死亡。海援隊には参加していない。土佐の実家には母と若き妻、幼子が残された。
＊2―やっている。
＊3―土佐。
＊4―約55～73メートル。
＊5―池が参加したとされる大和天誅組の乱（長州藩の内乱）、禁門の変などの様子を龍馬流の言い回しも用いて、面白おかしく表現している。

＊6—池の実家の姓。
＊7—手紙を書くことが楽しみだったということ。龍馬の筆まめさがうかがえる。
＊8—旧暦の正月14日に、門松を薪にして、かゆを食べる土佐の行事。

望郷の念

太田――龍馬が自分の生まれ育った故郷である土佐に対して、どういう思いを持っていたか考えるのは面白いよね。

田中――手紙の中でも、そういうのは垣間《かいま》見られるんだろ。

太田――溝渕広之丞《みぞぶちひろのじょう》という土佐藩出身の友人に「父母の国を思わない人がいるだろうか。土佐を顧《かえり》みないのは、故郷を思う情のために志がつまずくことを恐れてるから」というようなことを書いてるね。

田中――ちょっと泣かせる話だよな。龍馬といえども、故郷のことを考えないわけないいってことだからね。

太田――とはいえ、土佐藩の大監察《だいかんさつ》である佐々木三四郎高行に宛てた手紙を読むと、龍馬は土佐藩に対して歯がゆさを感じていたんじゃないのかなとも思う。

田中――大監察っていうのは、いわば土佐藩の重役なんだろ。

太田――第四章でも触れてるけど、佐々木高行はすごく温和な人物でね。龍馬とも気が合ったから、一時期は毎日龍馬と顔を突き合わせて、あれこれ議論をしていたらしい。だからこそ、なんでも言えた。「長州や薩摩は動いてるのに、自分の国でもある土佐は何やってんだ。もっと頑張って天下国家のことを考えろ」って。

田中——でも、龍馬がそういう風に故郷のことを考えていたのは、うらやましくもあるね。ずっと中野とか杉並に住んでて、このへんを離れたことないから、俺はそういうのあんまりないんだよね。

太田——ああ、可哀想に。

田中——……両親は九州の出身ではあるけれど、実家がそっちにあるわけじゃないから、夏休みの帰省とかしたことないし。

太田——なんて不憫《ふびん》なんだろう、お前は。

田中——ちょっと待て！　お前だって、故郷を思う気持だの郷土意識はないだろ！

太田——めちゃくちゃあるに決まってるじゃないですか。わが故郷、埼玉県上福岡市に対する愛着や誇りは、つねに心に持っています。さらに、私もある種の歯がゆさを感じています。

田中——なんで歯がゆさなんだよ！　それは故郷に何かを求めてるってことになるだろ！

太田――たとえば、もっと上福岡を広めたいとも思う気持とかね。市民まつりかなんかで「ぜひ、漫才を」って言われたら、たぶん、おそらく、かなりの確率で喜ぶと思う。
田中――喜ぶだけか！
太田――いや、でも、ほらスケジュールの都合もあるし、屋外でやる漫才もキツイし。
田中――参加してやれよ！　仕事にこだわらないんじゃなかったのかよ！
太田――上福岡出身の有名人とか好きだもん。おニャン子クラブの新田恵利とか、『熱中時代〈教師編〉』に出てた子役の二階堂千寿とか。
田中――たとえが全部古すぎるよ！　ほかにいないってことかよ！
太田――近所で事件が起きたときに、ニュースで流れると「おおっ！」ってなる。
田中――それは、郷土愛とは別の感覚だよ！
太田――テレビで東武東上線の話題が出ると「俺の電車だ！」ってなるもん。
田中――ま、その気持はわからないでもないけどな。
太田――タモリさんがネタで、都立家政がどうしたとか、小手指《こてさし》がどうしたって言うのを聞くと、なんかうれしいしさ。
田中――西武新宿線までお前のものかよ！　故郷の範囲が広すぎだよ！

オフの顔が見える手紙

太田——かなり龍馬のオフの顔が見える手紙だよな。
田中——池内蔵太《いけくらた》、通称「池蔵《いけくら》」の家族宛ね。
太田——ときどき、ふっとこんな風に故郷のことを思い出すことがあったんだろうな。
田中——脱藩して3年半くらい経った頃か。
太田——この手紙を書いている龍馬の脳裏には、おそらく故郷の懐かしい面々の顔が次から次へと浮かんでたはずだぜ。
田中——「ウチのぼたもち」というのは、お姉さんの乙女のことなんだろ。でも、意外だな。もう故郷は捨てたから、懐かしんだりもしないのかと思ってた。
太田——いや、そんなことはないだろ。故郷への思いを分析するなら、それは土地に関する記憶が大きいんだと思う。
田中——生まれ育った山や川は何年経っても変わらずに迎えてくれるみたいな感覚ね。
太田——俺の場合、そこまで田舎じゃないからね。住宅街の街並みとか、原っぱとか、ちょっと奥にある田んぼとか、駅前の西友とか。

田中――スーパーがお前の記憶かよ！

太田――ダイエーやジャスコじゃなくて、西友が似合う街なんだよね。すべての情報、文化の発信源が西友だったんだよね。

田中――どうでもいいよ！

太田――今では、田んぼに見ず知らずの人の家が建ってるからね。風景もずいぶん変わって、うれしいよ。

田中――うれしがってどうすんだ！　せつないんじゃねえのかよ！

太田――ベッドタウンだからしょうがないんだけど、ほら、精神的には、土佐が俺の故郷だから。物理的にも土佐に生まれたかったけど。

田中――上福岡にはまったく愛着ないじゃねえか！

太田――うん、そうだね。やっぱり、故郷って土地ではなく人とのつながりなんですよ。龍馬も結局はそこを大事にしてたから。

田中――話をそらすな！　人とのつながりだって、お前はまったくないだろ！

太田――そんなことないよ。

えかよ。

田中——幼なじみと遊ぶとか、正月に帰省して仲間と酒を飲むなんてしたことないじゃねえかよ。

太田——まあね。今はない。まだそういう時期ではない。

田中——なんだよ、それ。

太田——たしかに、小学校や中学校の卒業以来、会ってない友達ばかりだよ。でも、ほら、出身校の冊子みたいのに卒業生としてコメントを寄せたりしてるから。

田中——理由になってねえよ！

太田——でも、同級生は、俺が爆笑問題だってこと知ってるしさ。

田中——そりゃそうだよな。

太田——将来的には「そろそろみんなと旧交を温めてもいい頃だ」ってなる時期が来ることを確信してるんだけど、今はまだ必要がないって感じかな。

田中——もっと歳をとってからってこと？

太田——いずれ振りかえる時期が来るだろうからね。人生が終わりに近づいたときとか、もうやることがなくなったときとか。

田中——そういうもんなのかな。俺は高校時代の友達と、何年かに1回は会ってるけどさ。

太田――たとえ、こっちが会いたいとしても、向こうにも都合があるじゃん。子どもだから、学校行かなきゃ、塾行かなきゃって忙しいだろうし。

田中――向こうも一緒に大人になってんだよ！　思い出の中で時間止まってんじゃねえよ！

太田――でも、男の30代とか40代は微妙だぜ。難しいし、苦しいし。

田中――たしかに、あせって今、会う必要もないかもな。

太田――ただ、同窓会に呼ばれたなら、ふつうに行くけどね。

田中――俺も呼ばれたら行くとは思うけど、そういう話はないからね。それとも、知らないところでやってるのかなぁ。

太田――あ、こないだのお前の同窓会には、俺が代わりに参加しといたから。

田中――お前が行ってどうすんだよ！

太田――それがだれも気づかなくてさ。俺は全員初対面だったのに、意外と話が合って驚いたね。思い出話もすげえ理解できたし。

田中――んなわけねえだろ！

龍馬の文章術

太田——龍馬の手紙を読んでみるとね、文章力があるんだよ。必要なことをわかりやすくっていう感じで。

田中——簡潔でいいんじゃないのっていう。

太田——まだるっこしい文章を書くヤッっているじゃん。「まるで砂漠の中で、ひとり裸で立ちすくんでる気分のあなたと私と俺とお前」みたいな。

田中——どういう状況なんだよ、それは！

太田——そりゃあね、文法的に間違ってたり、脱線が多くてあちこち飛び飛びになってるかもしれないけど、思わせぶりな所はないからね。

田中——なんだよ、思わせぶりってよ。

太田——「このあとどうなったかわかるよね？・」みたいな。「察してください」的な、余韻《よいん》とか想像を駆使した感じでさ。

田中——もったいぶってるってことね。

太田――よくあるじゃん。「ボクは眠りつづける彼女を見つめつづけた……つづく。都築太郎・著」みたいなさ。

田中――〝つづく〟ばっかりじゃねえか！　都築って誰だよ！

太田――龍馬の手紙はストレートだし、独特な擬音を多用したりね。そういうところはサービス精神の表れだと思うけど。

田中――専門家のあいだでも、評価は高いんだってね。高いというか面白いというか。

太田――文章としゃべりって、似てるとこあるじゃん。龍馬は、しゃべりも相当、面白かったはずだから。

田中――文章もリズムがいいってことなのかな。

太田――しゃべりに関していえば、やっぱり間《ま》がよかったんでしょう。剣術とも共通してるんだろうけど、最初にバンって、つかんじゃうみたいな。

田中――まさに「つかみ」だね。

太田――そういうことができるのは、単純にすげえなって思うよ。俺なんか、トークにしても漫才にしても、いまだに失敗するときがあるからね。

田中――わかるよ。ただ、それはどんな大御所でもあるんじゃないのか。

太田――しかも、今のテレビは、トークバラエティっていう形式が多いから、最初にすべっちゃうとあせるし、そのあせりや緊張はものすごく伝わるんだよ。そのまま、どうにもならなくて全すべりになっちゃうときもあるし。

田中――ま、でも編集もするから、テレビでの全すべりはないだろ。

太田――なぜかはわからないんだけど、ズレるっていうか、途中で空気が変わる場合もあるから不思議なんだよな。

田中――たしかにそういうときあるよね。ずっと重たかったのが、どこかでアドリブがぽんって決まると雰囲気が明るくなるときもあるし、その逆もある。不思議だよな。

太田――あとは、「あぁ、今日は失敗するな」って、事前にわかるときもあるぜ。

田中――わかるというかあくまで予感だろ。そういう気がするっていう。

太田――いや、わかるんだよ。そういうときは確実にすべる。だから、対処法としては、もう開き直って「ま、いっかすべっても」ぐらいに思っておくしかない。

田中――思い詰めずに、大きな気持でいけばいいってことね。

太田――龍馬も、天下国家うんぬんって言ってる反面、「たいしたことねえよ」って気持があったんじゃないかな。だって、本当にやりたいことは、ほかにあったんだからさ。

田中――自分の船を持ち〝世界の海援隊を作る〟ということね。

太田――「世の中を変えることだけじゃないし、失敗したらそこまでだから、ま、いっか」ぐらいに思ってたから、楽になれたんじゃないかな。

田中――逆に言えば、ほかの志士たちは、もうそれだけだったわけだろ。100パーセント「倒幕だ」「尊王だ」「失敗できないぞ」って。そうなると、ちょっとキツイかもな。

太田――漫才も「よしこれはいける！」っていう自信作が意外にすべったりもするからさ。

田中――あるんだよな。なんでだろうね。

太田――特にお前が作ったネタな。

田中――そんなことねえだろ！　ネタは一緒に作ってるんだからよ！

太田――俺は仕事で原稿を書くから、簡潔な文章の重要さもわかってるんだよ。ただ、わかってるけど、悩んで悩んでつい余計な一言を足しちゃったり。

田中――俺はあんまり文章を書かないから偉そうなことは言えないけど、お前は、考えたがりで語りたがりの気《け》があるじゃん。足したかと思ったら、また悩んで削ったりするんだろ。

太田――自覚はしてるよ。もう、最初にパッと思ったことを気楽に書きゃいいってわかってる。でも、書いてくうちに気づくとあれこれ考えて語りたくなる。

田中――龍馬の手紙には、つい筆がすべっちゃった部分や明らかな間違いも多いんだぜ。お前も多少の間違いは気にせず、ちゃっちゃと書けばいいじゃん。

太田――ま、最近は適当に手を抜いてるから大丈夫です。締め切り直前までほったらかし。行数埋まったらそこまで。

田中――そんなんじゃ困るだろ！　ちゃんとやれ！

究極的「戦争のルール」

太田――今、世界中の国を見てもさ、何かしらの問題をつねに抱えてるわけじゃん。「これでよし」となった国は歴史上ないでしょ。

田中――……まぁ、そうなのかな。

太田――近世以降から考えたって、どこの国も問題だらけだよ。日本だって、江戸時代の徳川幕府まではしょうがないとしても、紆余曲折《うよきょくせつ》があり過ぎじゃん。

田中――でも、龍馬は、まさに幕府から明治政府への変わり目を手助けしたんだろ。

太田――そうだね。そこで、形式的には民主主義に変わって明治政府になったけど、そのあとは帝国主義、軍国主義になっちゃったわけじゃん。

田中――軍事力を中心とした国家ってことね。ただ、それは日本だけじゃなくて、外国、特に欧米列強といわれる国々が植民地を作る政策だったから、日本も巻きこまれたという側面もある。

太田――ま、そこは微妙な問題でね。明治の男の気概《きがい》というか、武士道精神みたいのがあったから、20世紀の日本は軍国主義になったんじゃないかって説もあるぐらいだし。大江健三郎が「司馬遼太郎の描く、幕末の武士礼賛《らいさん》が軍国主義を招く」みたいなことを言って批判をしたという話もある。

田中――ほんとかよ。ま、司馬遼太郎の影響力は大きいからね。

太田――たしかに、武士道をあまり持ちあげすぎてもよくないよな。

田中――「敵に背中を向けてはならない」とか「死ぬときはいさぎよく」みたいな思想があったから、戦争しちゃったってことね。

太田――俺は、帝国主義とは「戦争をともなった陣地の取り合い」だと思ってるんだよ。

植民地政策がまさにそうなんだからさ。ただ、それは、すでに世界的には「間違ってた」「問題があった」って認識になってるじゃん。

田中――まあな。

太田――現状は、あくまで途中経過だからね。「地球単位でみんなが暮らしやすいシステムはなんなのか?」って考えたときに、今のこの民主主義が一番いいと思う人が多いから、暫定的《ざんていてき》にこうなってるだけでさ。そろそろ不都合も出てきてると思うよ。

田中――アメリカの民主主義、資本主義が軋轢《あつれき》を起こしてるんだもんな。

太田――現に戦争が起きてるわけだからね。新しい価値観を作るべき時期が来てるのかもしれない。

田中――そうは言ってもさ、なかなか変えられないでしょ。

太田――日本は特殊な国なんだよ。アジアにあって帝国主義には支配されず、植民地を持つ側に回っちゃった。そして、こてんぱんにやられたわけだけどさ。

田中――それでいて大戦後は、きっちりとアメリカの民主主義の側におさまってるし。

太田――新しい価値観を作ることができるのは、この独自性を活かした日本なんじゃないかって思うんだよ。内村鑑三《うちむらかんぞう》のように日本ならではの思想を生み出せる環境や土壌はあるんだからね。

田中――〝新しい価値観〟って言われても、難しい話だよな。具体的にはなんかあるわけ？

太田――たとえば、俺たちがやってる〝お笑い〟は、世の中が平和であることが前提じゃん。

田中――ま、戦争中にも娯楽は必要なんだろうけど、真っ先に削られる分野ではあるよな。ていうか、それがなんか関係あるわけ？

太田――俺なりに考えてるのは、もしかしたら平和の形がいっぱいあるのがよくないんじゃないかってことなんだよ。戦う理由はどうであれ戦争の種類はひとつなのに、平和の形は無数にあるからね。

田中――ちょっと意味がわかりづらいんだけど……。

太田――ある者にとっては素晴らしく平和であっても、また別のある者にとっては平和でない可能性があるってことだよ。

田中――二面性というか多面性があるってことね。同じ状況で暮らしていても、人種や宗教で、考え方、感じ方の差があるんだろうからね。

太田――そうなんだよ。これしかないっていう平和の形がないから、平和を具現化することが難しいのかなって思う。

田中――ま、そうだろうね。難しいっていうより無理かもしれないよな。

太田――そう、無理なんだよ。平和はいっぱいありすぎるから無理。じゃあ、どうするかってなったら、戦争の条件を具体的にするしかないんじゃないか。

田中――どういうことだよ。国際法でもっと厳しくしろってことか？

太田――ま、そういうことなんだけどね。人を殺しちゃいけないなんていうことは、人道的にも法律的にも、だれもがわかってることだろ。俺だって当然そう思ってるけど、戦争のときに大義名分をかかげるってことは、人を殺すかもしれないってことだよね。

田中――まあ、そうかもしれないけど……。

太田――だから、ルールをきちんと決めるべきなんだよ。たとえば「戦争が起こった場合、殺していいのはひとりにつき1名まで」とか。

田中――何へりくつみたいなこと言ってんだよ！

太田――いや、よ～く考えてみろよ、これは究極のアイデアだぜ。新しい価値観はまだ作れないし、戦争は防げない。おっ始めたらエスカレートして際限ない。だったら、最初から「ここまで」ってラインを決めておけばいいんだろ。

田中――それはそれで極端すぎるよ！

太田――かつて日本が起こした戦争だって、止めるべきポイント、ブレーキをかけるチャンスがいくつかあったはずなのに突き進んじゃった。始まっちゃったのは仕方がないとしても、「じゃ、このへんでギブして……」みたいにあきらめることはできなかったのかって思うもん。

田中――「お互い痛み分けでよし」みたいな和平交渉ができるなら、最初から戦争してないよな。

太田――自分の家を焼かれて、家族や恋人を殺されたらやり返すのがふつうだと思うんだよ。そういう感情があるからこそ人間なんだから。まず、そこを認識しないとね。

田中――他人に殴られても笑って我慢できるヤツはそうそういないからね。

太田――基本的に俺は、戦争反対だよ。でも、人間だから愛があって、愛があるからこそ憎しみが生まれ、戦争になる場合があるんだよ。だからこそ「もし、やられたら、やったヤツを殺すのを基本にして、ひとりにつき1名までOK。ついつい、やりすぎちゃっても2名まで」。

田中――ルールに幅をもたせすぎだよ！
太田――3人までやっちゃったら、暴走と考えます。
田中――そこの差がわかんねえよ！
太田――バツイチまでは、ま、いまどきよくある話じゃん。バツ2になると「あれ？」ってまわりも思うし、バツ3まで来ると「あの人も、飲まなきゃいいんだけどねぇ」みたいな。
田中――戦争と離婚話を一緒にするな！
太田――ほら、でも、うちは夫婦ゲンカも翌日までは引きずらないほうだからさ。やられたらやりかえすなんてこと怖くてできません。
田中――夫婦ゲンカも関係ねえだろ！
太田――でもね、龍馬だったら、どうだったんだろうかって考えてみるのも面白い。
田中――ああ、なるほど。交渉術もあるだろうし、たとえば、家族を殺されたときにどう対応するかとかね。
太田――いや、龍馬は夫婦ゲンカでどういう立場をとるのか。ひたすら謝《あやま》るのか、だんまりを通すのか。今後の参考としてね。

田中——知ったこっちゃねえよ！

未来はきっと輝いている

太田——33歳で人生を終えた龍馬は、幸福を感じたことがあったのか、そしてそれはどんなときなのかって、いつも思うんだよね。

田中——う〜ん、どうだったんだろう。徳川慶喜《とくがわよしのぶ》が大政奉還をしたときには、多少なりとも達成感や、幸福感はあったと思うけどね。

太田——龍馬は、お前のような小者と違って、日常の些細《ささい》なことで〝小さな幸せ〟を感じるタイプではないからな。

田中——……そう言われたら、たしかに俺は小者だよ。「おいしいものを食べてるときが一番幸せ」とかさ。ま、今は「猫とじゃれてるときが一番幸せ」だからさ。

太田——ほんっと、小せえ幸せだよな。ある意味うらやましいよ。

田中——いやいや、だれでもそんなもんだって。お前だって、小説を読んでるときや映画を見てるときは楽しいだろ。基本的には、好きなことをしてるときが一番幸せなんだからさ。

太田――俺たちの場合だと、やっぱり人を笑わせたときは幸福だよな。そのために作ったネタで、狙いどおりにウケたら気持いいんだから。

田中――目の前の人を楽しませることがうれしいっていうのは、本能でもあるからね。特に俺たちの世代の男は、中学生、高校生ぐらいの時期に漫才ブームの影響を受けてるから、たいていお笑いが好きだしさ。まさか、自分が漫才師になるとは思ってなかったけどね。

太田――龍馬だって、まさか自分が志士になるとは思ってなかっただろうからさ。

田中――本人は剣術修行をして、身を立てようぐらいだったのかもな。

太田――俺にとって、最大の幸福感があったのは、やっぱり初めて舞台に立ってウケたときだろうな。

田中――うれしかったし、気持よかったよね。

太田――ラママの舞台だったんだけど、オーディションのときは、同じネタをやってるのにだれも笑わなくてね。

田中――今から思えば、オーディションというよりネタ見せだから、とりあえずは内容をチェックしてるだけだったんだよね。

太田――そんなこと知らないから、スタッフの反応が悪かったことを反省してね。ていうか、けっこう落ち込んじゃったから、本番までの1週間めちゃめちゃけいこをした。

田中――その甲斐《かい》あってか、本番では途中打ち切りじゃなくて完走したし、客にも大ウケだった。たしかにあんときはうれしかったな。

太田――あとは何だろう。やっぱりNHKの新人演芸大賞をもらったときかな。仕事のうえでもターニングポイントになったわけだし。

田中――今は、落語部門と演芸部門で分かれてるけど、当時は全部を含めた「演芸」でね。漫才が大賞をとることはほとんどなかったから、すげえうれしかったよな。

太田――だから、落語協会が怒ってるって話もあってね。今だから明かせるけど、受賞直後は命を狙われてる状況でした。

田中――ウソつけ！　落語協会はどんな集団なんだよ！

太田――目の敵《かたき》にされたのは事実じゃん。楽屋で噺家《はなしか》さんの着物を足で踏んづけちゃったり、着物をお尻に敷いたままタバコ吸ったりしたからさ。

田中――そんなことしたら怒られるに決まってるじゃねえか！

太田――落語といえば、やっぱり談志さんに初めて会ったときもうれしかったよね。立川流の落語会に出演して漫才をやってね。憧れの人でもあったから、ガチガチに緊張してたんだけどさ。

田中――終わってから「よし、このあと飲みに行くぞ」って誘われてさ。その席で「お前ら面白かったよ」って言われたときは本当にうれしかったよな。

太田――認められたというか、強い味方ができたというか。

田中――しかも、そこで「お前ら、天下取っちゃえ」って言われたんだもん。自信にもなったし励みにもなった。

太田――はっきり言えば、今の仕事に幸福感はそんなにないよね。やりたいことだけやってるわけじゃないし。求められたことをやりますっていうスタンスだからね。文句も言わないけど、幸福感なり達成感は少ないよ。

田中――ま、テレビの仕事は協同作業だっていうのも大きいんじゃないか。

太田――そうだね。テレビって、驚くほどの人数が関わってるからね。映画もそうだけど、総合芸術だから、純粋に自分たちだけでやってる漫才とは比較しづらい面もある。

田中――逆に、不安みたいのはどうなんだろう。

太田――実際にどうだったかはわからないけど、龍馬の場合は、そういう不安を感じさせない男だからこそ、魅力的だったわけじゃん。

田中――まあな。何かにつけ「俺はもうダメだ」とか「この先どうしよう」みたいなことを言ってたら、主人公にはなれないからね。

太田――不安があったにせよ、そう感じさせないところが、すごくいいなぁって思うんだよ。俺なんかは、ふだんはむしろ不安だらけ。不安しかなくてね。お前のように、なにも考えず、なにも感じずに生きてみたいよ。

田中――俺だって将来の不安がないわけじゃねえよ！

太田――実際、龍馬は、あんまり不安を感じてなかったと思うよ。ふつう、考えれば考えるほど落ちこむものなんだけど、考えれば考えるほど輝くみたいなタイプの人間もいるからさ。そっち側かなって思う。

田中――ま、でも、不安は自信の裏返しっていう側面もあるからな。

太田――そうなんですよ。ですから、私は「自分を信じ続けることが大事」「夢は必ずかなうし、かなえるものだ」というメッセージを込め、今夜も歌い続けるのです。

田中――わけのわかんないこと言ってんじゃねえよ！

太田——司馬遼太郎が、小学6年生の教科書に載せるために寄稿した『21世紀に生きる君たちへ』という文章があるんだよ。

田中——あ、そう。

太田——「私は歴史を愛している。現代にも歴史の中にもたくさんの友達がいる。その歴史を顧みると、人間は不遜《ふそん》で愚《おろ》かだが、20世紀の今、状況は変わりつつある」みたいな内容でね。

田中——子ども向けだから、平易に書いてあるんだろうけど、品があるというか、高尚《こうしょう》だよな。

太田——私はそこまで生きられないが、21世紀はきっと素晴らしいだろう、というようなことを書いたあと、「書き終わって、君たちの未来が、真夏の太陽のようにかがやいているように感じた」って結んでる。好きな作家の好きな文章だね。いや、尊敬している作家の尊敬すべき文章だよ。これを読むと、不安はだれもが持っているけど、同じように輝いた未来も、だれもが持っているのかなって思えるじゃん。うん、白髪のあいつが言うなら、ま、そのとおりだよ。

田中——ぜんぜん敬《うやま》ってねえ言い方だろ!

太田――歴史をあれだけ知っている司馬さんが言うんだから、俺たちの未来は輝いている。

田中――歴史は、過去だけじゃなく現在や未来を学ぶものだからね。

太田――とはいえ、お前の未来だけはくすんでるんだよな。なぜだろう。

田中――うるさい！　俺の未来も輝いてるよ！

太田――司馬さんは、いろんな歴史小説を書いてるけど、『竜馬がゆく』では、龍馬の持っていた可能性っていうのを描いたんだと思う。それこそ、一介の浪人だった龍馬が日本を変えたように、だれにでも可能性はあるし、だれにでも〝輝ける未来〟があるよって。

田中――なるほどね。だから、お前は坂本龍馬が好きなんだな。

太田――俺も人生に対する期待はつねにあるもん。まだ何か起こるんじゃないかって。そうだな、「あ、これいける！」っていう確信のもてるアイデアがひらめいたときが一番幸せなんだけど、それが期待を持ち続けられる理由かもしれない。

田中――「あ、俺、昨日よりマシになってるじゃん」って感じか。

太田――まぁ、進歩のなさそうなお前でも、昨日よりは少しはマシになってるかもしれないし、なってないかもしれないし、いややっぱりなってないか。うん、安心しろ。お前はまったく変わってないよ。

田中——うれしかねえよ！

幕末用誤辞典

【擬音】ぎおん

実際の音に似せて表現、または作り出した音、言葉。龍馬の手紙には、擬態、擬音、擬声など表現が豊富にある。「べちゃべちゃシャベクリ」「エヘンエヘン」などが有名。ほかに「びろ〜ん」「ガチョーン」「アジャパ」なども。

【内村鑑三】うちむら・かんぞう

明治、大正期の思想家。札幌農学校で、あのクラークに学ぶとともに、キリスト教の洗礼を受けた。アメリカへの留学後、高校教師を経て、ふたつの「J」、Ｊａｐａｎ（日本）とＪｅｓｕｓ（キリスト）の研究にいそしむ。のち、昭和の政治学者・南原繁（なんばら・しげる）とも親交を持ち、キリスト教に改宗させた。ふたり合わせてウッチャンナンチャンと呼ばれる。

【徳川慶喜】とくがわ・よしのぶ

江戸幕府、15代将軍であり最後の将軍。水戸藩主・徳川斉昭の七男。1866年（慶応2年）に将軍となり、幕政刷新をはかるも、すでに幕府には人材も力もなく、慶応3年に大政奉還を決意。慶応4年時には、逆指名で読売ジャイアンツに入団。1年目から活躍したヨシノブは新人王を獲得した。

【大政奉還】たいせいほうかん

大政を奉還すること。政治の実権を朝廷に返すこと。シャ乱Qのたいせーが関わっていたという説もある。

【手紙】てがみ

幕末期は、飛脚が手紙を運んでいた。幕府公用の継飛脚のほか、民間の町飛脚などがあり、江戸から京都までを3日程度で走り抜けた。江戸市中には、近所へ届ける町飛脚もあったが、遣いの者に届けてもらう場合も多かった。現代に比べるとやはり、やりとりのスパンは長く、黒ヤギさんも白ヤギさんもお腹を空かしていたとされる。

龍馬・太田・田中「何歳で何してた？」年表

西暦	数え年	歴史 坂本龍馬	太田 光	田中裕二	西暦	満年齢
1835	1歳	▼11月15日、高知城下に生まれる	▼5月13日、埼玉県に生まれる	▼1月10日、東京都に生まれる	1965	0歳
1842	8歳		▼学芸会『浦島太郎』主演 ▼書道、そろばん、学習塾などの習い事をするが、続かず		1972	7歳
1846	12歳	▼母・幸没 ▼楠山塾に入門するが、半年で退塾	▼少年野球チーム「北野リトルパワーズ」に入団するも三軍の補欠	▼将来の夢は野球選手になること	1976	11歳
1847	13歳			▼中学校に入学。バスケ部に入部する	1977	12歳
1848	14歳	▼日根野弁治道場で小栗流剣術を学ぶ	▼中学校に入学		1978	13歳
1849	15歳		▼ラジオ『ビートたけしのオールナイトニッポン』を聴き、衝撃を受ける ▼チャップリンを見始める		1979	14歳

西暦	数え年	歴史	坂本龍馬	太田光	田中裕二	西暦	満年齢
1850	16歳				▼高校入学。アナウンサーに憧れて放送部に入部する	1980	15歳
1851	17歳			▼高校入学。友人がひとりもいない生活を送る		1981	16歳
1853	19歳	6月▼ペリーが浦賀に来航	▼剣術修行のため15ヶ月の暇を許され、江戸へ旅立つ。北辰一刀流・千葉定吉道場に入門 ▼佐久間象山に西洋砲術を学ぶ	▼文化祭でひとり芝居を上演する ▼3年間皆勤賞	▼1年間の浪人生活を送る	1983	18歳
1854	20歳	1月▼ペリーが再び浦賀に来航 3月▼アメリカと和親条約締結	▼河田小龍を訪ねて世界情勢を聞く	▼日本大学芸術学部演劇学科入学 ▼田中裕二と出会う	▼日本大学芸術学部演劇学科入学 ▼太田光と出会う	1984	19歳
1855	21歳		▼父・八平没	▼バイクで事故って死にそうになる	▼大学の先輩と「東京ギャグポンプ」を結成するも、2ヶ月で解散 ▼大学を中退	1985	20歳

年	年齢	世の中の出来事	できごと	できごと	年	年齢
1856	22歳	7月▼アメリカ総領事ハリスが下田に来る	▼再び剣術修行のため千葉道場へ	▼大学を中退 ▼シナリオセンターに半年ほど通う ▼マキノ雅弘監督の演技塾に通う	1986	21歳
1857	23歳	5月▼下田条約調印	▼修行期間が満期となるが、1年延期を願い出て許される	▼劇団に入団する	1987	22歳
1858	24歳	6月▼大老・井伊直弼、日米修好通商条約に調印する 7月▼将軍・家定没	▼千葉定吉から「北辰一刀流長刀兵法目録」を受ける	▼お笑いライブ『新人コント大会』（渋谷「ラママ」）に出演。大ウケし、プロダクションにスカウトされる ▼爆笑問題結成 ▼TV『笑いの殿堂』出演	1988	23歳
1859	25歳	▼前年より安政の大獄。吉田松陰処刑	▼徳広孝蔵に入門し、砲術を学ぶ	▼月に一度のライブ、高校の予餞会を主に活動する	1989	24歳
1860	26歳	1月▼勝海舟らが軍艦・咸臨丸でアメリカに出発 3月▼桜田門外の変。大老・井伊直弼、暗殺される		▼事務所の同期だった光代さんと結婚	1990	25歳

西暦	数え年	歴史	坂本龍馬	太田光	田中裕二	西暦	満年齢
1861	27歳	8月▼武市半平太、江戸で土佐勤王党結成	▼武市半平太の土佐勤王党に加盟	▼映画『バカヤロー4／泊まったら最後』で監督に初挑戦 ▼『竜馬がゆく』を読んで自分と重ね合わせる		1991	26歳
1862	28歳	1月▼坂下門外の変 2月▼和宮降嫁 4月▼土佐勤王党・那須信吾ら吉田東洋を暗殺 8月▼生麦事件	▼武市の使者として長州・萩に久坂玄瑞を訪ねる ▼沢村惣之丞とともに脱藩する ▼勝海舟の門下生となる	▼ゲームに明け暮れる	▼バイトに明け暮れる	1992	27歳
1863	29歳	5月▼長州藩、下関海峡を通過する米船を砲撃 7月▼薩英戦争勃発 8月▼天誅組挙兵 同月▼八月十八日の政変。七卿が長州に落ちのびる	▼勝海舟の尽力により脱藩罪が許される ▼陸奥宗光と出会う ▼神戸の勝の私塾で塾頭となる ▼土佐藩の帰国命令に応じず再び脱藩する	▼『NHK新人演芸大賞』に出演、漫才では初の大賞を受賞する ▼太田光の妻・太田光代が事務所タイタンを設立 ▼ちょっとずつ仕事が増える		1993	28歳

1864

30歳

6月▼池田屋事件起こる
7月▼禁門の変
8月▼第一次長州征伐始まる
12月▼高杉晋作挙兵

▼外国連合艦隊の長州攻撃調停に行く勝に随行して長崎に向かうが、交渉は決裂
▼おりょうと知り合う
▼西郷隆盛や横井小楠らと出会う

▼『GAHAHAキング爆笑王決定戦』で10週勝ち抜き、初代チャンピオンに輝く
▼TV『黄金ボキャブラ天国』出演
▼雑誌『宝島30』にて「日本原論」連載スタート
▼日本映画プロフェッショナル大賞新人奨励賞を受賞(映画『草の上の仕事』)

1994

29歳

1865

31歳

▼土佐で政変が起き、土佐勤王党の弾圧が始まる。武市半平太は切腹。その他、関係者が斬首・永牢に処せられる

▼神戸海軍操練所、廃止。
▼桂小五郎に薩長の和解を説く
▼長崎で亀山社中を設立する
▼京都で西郷と面会し、長州藩のため艦船・銃器購入の名義貸しを依頼
▼英国商人グラバーから小銃を買い付け、薩摩藩名義で下関に運ぶ。ユニオン号も購入

▼ラジオ『爆笑問題の放課後の王様』スタート
▼ラジオCM「郵便局の簡保」出演
▼ライブ『タイタンライブ』スタート(現在、偶数月第2金曜日)
▼雑誌『TVブロス』にて「天下御免の向こう見ず」連載スタート

1995

30歳

1866

32歳

6月▼第二次長州征伐始まる
8月▼幕府軍が敗退し、小倉城陥落

▼京都で薩長同盟が成立
▼伏見の寺田屋で幕府の役人に襲われるが、おりょうの機転で無事脱出
▼おりょうと結婚。薩摩に新婚旅行

▼ゲーム『TIZ~Tokyo Insect Zoo~』に声の出演
▼CS『爆笑問題の言わずに死ねるか』スタート

1996

31歳

西暦	数え年	歴史	坂本龍馬
1866	32歳	12月▼徳川慶喜、15代将軍となる 同月▼孝明天皇崩御	▼亀山社中が経営困難に陥り、いったんは解散を決意
1867	33歳	▼山内容堂の意を受けた後藤象二郎と福岡孝弟が、大政奉還の建白書を提出。慶喜は大政奉還の決意を表明 12月▼王政復古の大号令下る	▼長崎で後藤象二郎と会見 ▼亀山社中を土佐海援隊に改変。隊長に任命される ▼いろは丸事件起きる ▼後藤とともに大政奉還建白論を説いて回る ▼6年ぶりに坂本家に帰り、家族や友人らと歓談 ▼11月15日、京都・近江屋で中岡慎太郎といるところを刺客に襲われ、死亡

太田光　田中裕二	西暦	満年齢
	1996	31歳
▼CM「トヨタスパシオ」出演 ▼書籍『爆笑問題の日本原論』発売 ▼国立演芸場 花形演芸会銀賞を受賞する ▼書籍『天下御免の向こう見ず』発売 ▼ラジオ『爆笑問題カーボーイ』(TBSラジオ)スタート ▼雑誌『週刊プレイボーイ』にて「爆笑問題の世紀末ジクソーパズル」連載スタート	1997	32歳
▼ゴールデン・アロー賞芸能賞を受賞する ▼国立演芸場 花形演芸会金賞を受賞する	1998	33歳
▼浅草芸能大賞新人賞を受賞する ▼雑誌『ダ・ヴィンチ』にて「日本史原論」連載スタート ▼書籍『爆笑大問題』発売 ▼TVで「爆チュー問題」登場 ▼CM「永谷園」出演 ▼自伝『カラス』発売	1999	34歳

2000 **35歳**

▼書籍『爆笑問題の日本史原論』発売
▼国立演芸場 花形演芸会審査員特別賞を受賞する
▼3月花屋のケロちゃんこと夏美さんと結婚
▼10月に睾丸の摘出手術を受ける

2001 **36歳**

▼笑芸人大賞・銀賞受賞
▼書籍『爆笑問題の日本史原論 偉人編』発売
▼書籍『爆笑問題のザ・コラム』発売
▼TV『サンデー・ジャポン』スタート
▼国立演芸場 花形演芸会特別大賞を受賞する

2002 **37歳**

▼書籍『爆笑問題の日本原論 世界激動編』発売
▼STV『爆笑問題のススメ』スタート
▼映画『アイス・エイジ』公開。声の出演
▼ディズニー映画『モンスターズ・インク』公開。声の出演

2003 **38歳**

▼書籍『爆笑問題のハインリッヒの法則』発売
▼TV『爆笑問題のバク天!』スタート
▼書籍『パラレルな世紀への跳躍』発売

2004 **39歳**

▼書籍『こんな世界に誰がした』発売
▼書籍『爆笑問題のそんなことまで聞いてない』発売

西暦　数え年　歴史　坂本龍馬　太田光　田中裕二

西暦	満年齢	太田光	田中裕二
2004	39歳	▼ちびまる子ちゃんwith爆チュー問題「アララの呪文」発売	
2005	40歳	▼書籍『爆笑問題のふざけんな、俺たち!!』発売	
2006	41歳	▼芸術奨励文部科学大臣賞・放送部門賞受賞 ▼『太田光の私が総理大臣になったら…秘書田中。』(日本テレビ)放送開始 ▼中沢新一と共著で『憲法九条を世界遺産に』発表	
2007	42歳	▼『爆笑問題のニッポンの教養』(NHK)放送開始 ▼『徹子の部屋』に光代夫人とともに3人で出演	▼皐月賞で162万円馬券を的中し、797万8000円をゲット
2008	43歳	▼『爆笑問題の日曜サンデー』(TBSラジオ)放送開始	
2009	44歳		▼初の単行本『田中裕二(爆笑問題)の「ザ・ガール」』発表 ▼10月、田中、離婚

主な参考・引用文献

●宮地佐一郎『龍馬の手紙』（講談社学術文庫）
●『歴史群像シリーズ㉓ 坂本龍馬』（学習研究社）
●【決定版】図説・幕末志士199』（学習研究社）
●木村幸比古、木村武仁『もっと知りたい坂本龍馬』（日本実業出版社）
●木村幸比古『図解雑学 坂本龍馬』（ナツメ社）
●宮地佐一郎『龍馬百話』（文春文庫）
●勝海舟『氷川清話』（講談社学術文庫）
●中江克己『お江戸の意外な「モノ」の値段』（PHP文庫）
●『文藝別冊KAWADE夢ムック 坂本龍馬』（河出書房新社）
●『坂本龍馬事典』（新人物往来社）
●『坂本龍馬大事典コンパクト版』（新人物往来社）
●日本歴史学会編『明治維新人名辞典』（吉川弘文館）
●宮崎十三六、安岡昭男編『幕末維新人名辞典』（新人物往来社）
●平尾道雄『坂本龍馬のすべて』（新人物往来社）
●松浦玲『検証・龍馬伝説』（論創社）
●司馬遼太郎『竜馬がゆく』（文春文庫）
●『週刊朝日増刊 未公開講演録愛蔵版 司馬遼太郎が語る日本』（朝日新聞社）
●邦光史郎『坂本龍馬をめぐる群像 幕末・維新百人一話』（青人社）
●芳即正、毛利敏彦『図説 西郷隆盛と大久保利通』（河出書房新社）
●八幡和郎『江戸三〇〇藩 最後の藩主』（光文社新書）
●菊地明ほか『歳三と龍馬 幕末・維新の青春譜』（集英社）
●前田秀徳『写真集 龍馬脱藩物語』（新人物往来社）
●神一行『人物相関日本史 幕末維新編』（コアラブックス）
●シブサワ・コウ編『爆笑幕末維新』（光栄）
●芳岡堂太『高杉晋作・男の値打ち』（三笠書房）
●青山忠正『幕末維新 奔流の時代』（文英堂）
●司馬遼太郎『21世紀に生きる君たちへ』（朝日出版社）
●加来耕三『勝海舟と坂本龍馬』（講談社）
●『深川江戸資料館』（東京都江東区深川江戸資料館）
●武山峯久『龍馬と新選組の京都 史跡ガイド』（創元社）

一〇〇字書評

切り取り線

購買動機（新聞、雑誌名を記入するか、あるいは○をつけてください）

□（　　　　　　　）の広告を見て	
□（　　　　　　　）の書評を見て	
□ 知人のすすめで	□ タイトルに惹かれて
□ カバーがよかったから	□ 内容が面白そうだから
□ 好きな作家だから	□ 好きな分野の本だから

●最近、最も感銘を受けた作品名をお書きください

●あなたのお好きな作家名をお書きください

●その他、ご要望がありましたらお書きください

住所	〒				
氏名		職業		年齢	
新刊情報等のパソコンメール配信を 希望する・しない	Eメール	※携帯には配信できません			

あなたにお願い

この本の感想を、編集部までお寄せいただけたらありがたく存じます。今後の企画の参考にさせていただきます。Eメールでも結構です。

いただいた「一〇〇字書評」は、新聞・雑誌等に紹介させていただくことがあります。その場合はお礼として特製図書カードを差し上げます。

前ページの原稿用紙に書評をお書きの上、切り取り、左記までお送り下さい。宛先の住所は不要です。

なお、ご記入いただいたお名前、ご住所等は、書評紹介の事前了解、謝礼のお届けのためだけに利用し、そのほかの目的のために利用することはありません。

〒一〇一-八七〇一
祥伝社黄金文庫編集長　吉田浩行
☎〇三（三二六五）二〇八四
ohgon@shodensha.co.jp

祥伝社ホームページの「ブックレビュー」からも、書けるようになりました。
http://www.shodensha.co.jp/bookreview/

祥伝社黄金文庫

祥伝社黄金文庫　創刊のことば

「小さくとも輝く知性」――祥伝社黄金文庫はいつの時代にあっても、きらりと光る個性を主張していきます。

真に人間的な価値とは何か、を求めるノン・ブックシリーズの子どもとしてスタートした祥伝社文庫ノンフィクションは、創刊15年を機に、祥伝社黄金文庫として新たな出発をいたします。「豊かで深い知恵と勇気」「大いなる人生の楽しみ」を追求するのが新シリーズの目的です。小さい身なりでも堂々と前進していきます。

黄金文庫をご愛読いただき、ご意見ご希望を編集部までお寄せくださいますよう、お願いいたします。

平成12年(2000年) 2月1日　　　祥伝社黄金文庫　編集部

爆笑問題《ばくしようもんだい》が読《よ》む龍《りよう》馬《ま》からの手紙《てがみ》

平成21年12月20日　初版第1刷発行

著者　爆《ばく》笑《しよう》問《もん》題《だい》

発行者　竹内和芳

発行所　祥《しよう》伝《でん》社《しや》
東京都千代田区神田神保町3-6-5
九段尚学ビル　〒101-8701
☎ 03 (3265) 2081 (販売部)
☎ 03 (3265) 2084 (編集部)
☎ 03 (3265) 3622 (業務部)

印刷所　萩原印刷

製本所　積信堂

ISBN978-4-396-31501-6 C0121

祥伝社のホームページ・http://www.shodensha.co.jp/